A DUPLA
Personalidade

EDGARD ARMOND

A DUPLA
Personalidade

Aliança

Esta obra também foi editada pela Editora Lake, 1º edição e 1º reimpressão, do 1º ao 5º milheiro

4ª edição, Março/2022, do 22.000 a 22.500 exempares

TÍTULO
A Dupla Personalidade

AUTOR
Edgard Armond

REVISÃO
Maria Aparecida Amaral

DIAGRAMAÇÃO
Sônia Silva

CAPA
Sônia Silva

IMPRESSÃO
Graphium Gráfica e Editora Ltda.

FICHA CATALOGRÁFICA

Dados Internacionais de Catalogação na Publicação (CIP)
— Câmara Brasileira do Livro | SP | Brasil —

Armond, Edgard, 1894-1982.
A Dupla Personalidade / Edgard Armond;
São Paulo : Editora Aliança, 2022.

ISBN: 978-65-990196-8-5 / 160 páginas

1. Espiritismo 2. Romance espírita
I. Armond, Edgard. II. Título.

10-04994 CDD-133.9

ÍNDICE PARA CATÁLOGO SISTEMÁTICO:

1. Romance espírita psicografado : Espiritismo 133.9

EDITORA ALIANÇA
Rua Major Diogo, 511 - Bela Vista - São Paulo - SP
CEP 01324-001 | Tel.:(11) 2105-2600
www.editoraalianca.com.br | editora@editoraalianca.com.br

Sumário

Os nomes próprios dos personagens deste livro são fictícios.

Neste livro, tanto quanto possível, foi mantido o modo comum de falar, nem sempre no rigor gramatical.

Amparemos o livro respeitável, que é a luz de hoje; no entanto, auxiliemos e divulguemos, quanto nos seja possível o livro espírita, que é a luz de hoje, amanhã e sempre.

Emmanuel

Duas Palavras

Na prática espírita surgem, às vezes, problemas de difícil identificação. A Dupla Personalidade é um deles. Constitui capítulo fascinante, raramente divulgado e pouco acessíveis às mentes menos preparadas, os casos em que esse fenômeno realmente ocorre. Aqui fazemos a narração de um deles, retirado do rol daqueles dos quais nos lembramos.

Utilizamos a forma romanceada para, de certa forma, fugir à monotonia e tornar a leitura mais atraente e sugestiva.

São Paulo, setembro de 1969

O Autor

Prefácio

O nome de Edgard Armond já se tornou conhecido em todo o Brasil, e mesmo além-fronteiras, pelos inúmeros livros já publicados, todos eles abordando assuntos de relevante interesse e de inquestionável atualidade.

O ilustre autor de *Os Exilados da Capela* lança agora esta obra de grande valor, envolvendo aspectos do palpitante fenômeno espírita da dupla personalidade, e o faz de maneira simples e acessível a todos os níveis intelectivos.

Penetrando no terreno relativamente inexplorado desse gênero de fenômeno, o autor relata as experiências de Rose Ramires, uma jovem brasileira que revive, de forma nítida, fases de sua vida no século passado, quando, na Rússia dos Czares, por ocasião da invasão napoleônica, vivia com o nome de Kátia.

Rose Ramires, oprimida pela incompreensão de seus pais, que por questões de desnível social repelem a sua aproximação de dois jovens estudantes, amargura-se ao ponto de cair em transes prolongados, quando passa a reviver as peripécias de uma vida entrecortada de agruras, vividas como Kátia, naquela velha nação europeia, onde, sob outras formas e outras condições, teve a oportunidade de conhecer aqueles mesmos jovens e outros personagens que com ela convivem na vida em que se chama Rose Ramires.

O autor elucida os fenômenos de desdobramentos, caracterizados pelas diferenças fundamentais entre eles existentes, explicando que nesse setor existem quatro modalidades mais comuns: bilocação, bicorporeidade, dupla personalidade e regressão da memória.

O primeiro ocorre quando um Espírito manifesta-se em dois lugares diferentes simultaneamente; o segundo, quando um Espírito encarnado manifesta-se em dois corpos diferentes, aqui ou alhures; o terceiro, quando o Espírito encarnado se manifesta com personalidades diferentes, em períodos de tempo diferentes, ora como uma pessoa, ora como outra, com características e modos diversos daqueles que lhe são próprios; o quarto, abrange os fenômenos psíquicos, segundo os quais a mente, sob a influência de uma força estranha – magnético-hipnótica – consegue extrair algo do subconsciente, trazendo-o à tona do consciente, ou seja, a provocação de um recuo na mente do médium.

O caso específico de Rose Ramires é enquadrado na terceira categoria, pois ela se manifesta com personalidades diferentes, que viveram em épocas distintas e com características diversas. Kátia era uma pobre camponesa, cuja vida tornou-se uma sucessão de dores e vicissitudes, pois perdeu sua mãe em tenra idade,e posteriormente ficou privada do convívio de seu pai e do esposo, experimentando ainda os rigores de uma guerra inglória com todo o seu cortejo de nefastas consequências.

Rose Ramires, por sua vez, era filha de família abastada, tendo diante de si todas as possibilidades de aprimoramento intelectual, embora revelasse, em estado latente, tendências que Kátia demonstrava possuir.

O Espiritismo consagra os fenômenos de dupla personalidade entre as várias formas que constituem o arcabouço mediúnico, um dos seus postulados fundamentais. O assunto tem sido mesmo objeto de exaustivos estudos e dele tem-se ocupado muitos vultos espíritas do passado, todos eles procurando subtrair-lhe o aspecto miraculoso e procurando enquadrá-lo em seu devido lugar. A Parapsicologia também caminha na mesma direção e tudo leva a crer que esta nova ciência contribuirá sensivelmente na tarefa de descerrar o véu que até agora vinha encobrindo esse gênero de manifestação.

Não sabemos o que mais apreciar no livro, se a forma clara como os fatos são relatados ou os ensinamentos que objetivam elucidar um problema de relevante atualidade que, no decurso de muitos séculos, tem desafiado o ser humano – dizem os estudiosos que este é o século em que o homem foi à Lua, mas só no próximo será possível penetrar em si mesmo.

Paulo Alves Godoy

— Vamos examiná-la; não será nada de grave, dizia o médico ao mesmo tempo em que as conduzia para o gabinete de exames.

Enquanto examinava a menina, conversava com ela sobre assuntos diferentes, entremeando perguntas elucidativas.

— Além disso, doutor, ela tem pesadelos e às vezes grita, chora e acorda meio assustada, sem saber explicar os motivos.

— D. Roberta, se sua menina come bem, como já vi, dorme bem, estuda normalmente, brinca normalmente, nada há de estranhar que, de vez em quando tenha pesadelos, ou por comer demais no jantar, ou por temperamento mais sensível, ou por ter ficado impressionada com alguma coisa.

— Mas eu a vigio sempre, doutor, não deixo comer demais antes de dormir e evito coisas que possam assustá-la; ela tem mesmo muita sensibilidade, mas, do que provém isso?

— De muitos fatores a examinar nas oportunidades; por exemplo, hereditariedade, que pode dar constituição nervosa mais delicada, taras psíquicas, etc.

— Taras! Que taras? O senhor sabe que eu e o Walli somos sãos!

— Como médico da família sei que são, mas, refiro-me a taras psíquicas, que não são do corpo físico, mas do Espírito.

— Não sei o que o senhor quer dizer, porventura defeitos de caráter?

— Também não, de caráter moral não, mas de constituição psíquica.

— Não sei o que o senhor quer dizer.

— E não se preocupe com isso, não é nada importante, explicou o médico receoso de haver levado o assunto longe demais.

— Se o senhor se refere a esquisitices, ela possui algumas, não há dúvida.

— Vejamos quais são.

— Ela é diferente das outras meninas, mesmo quando brinca; só se satisfaz brincando com bonecas, com as quais conversa horas seguidas, rindo, chorando, discutindo, como se tudo fosse real.

— Venha cá outra vez Rose, chamou ele a menina que estava olhando à janela, com as mãos agarradas ao parapeito e que custou a atender.

— O que você estava olhando com tanto interesse, agarrada ao peitoril daquele jeito?

— As pessoas ficam pequenininhas lá embaixo, disse ela, e uma coisa puxa a gente para olhar e ficar olhando. Fiquei com medo.

— Sempre te acontece isto, de ficar com medo das coisas?

— Não senhor, hoje aconteceu, mas agarrei no peitoril e não quis pular.

— Pular aonde Rose, interveio Roberta, nervosa, pular por quê?

— É a coisa que puxa a gente mamãe.

— Que coisa, menina, fale direito!

— Não sei, é uma coisa que tem força e não vejo o que é.

Aí o médico interveio para serenar.

— Responda, Rose, ao que vou perguntar: gosta do colégio?

— Não gosto.

— Por que não gosta? É um bom colégio, eu sei.

— As meninas são muito convencidas, só falam em grandezas.

— Convencidas de quê? Tua posição social é tão boa como a delas. Que é que fazem para você não gostar delas?

— Querem que eu faça como elas fazem e pense como elas pensam. É tudo igual. Quando a gente não faz o que elas querem, elas gritam com raiva, arregalam os olhos e xingam; eu não gosto, me faz mal.

— Do que você mais gosta?

— Dos livros e das bonecas. Com estas eu fico sossegada porque não me aborrecem.

— Como se chamam as suas bonecas? São quantas?

— Quatro: a Mariazinha, que tem olhos verdes e dorme à toa, é muito boazinha, mas muito mole. A Criatura, também boazinha, tem olhos pretos, saltados para fora, dá dó; está sempre assim, com medo de tudo; e a Branca, que é a de que mais gosto, porque é a filha que mais me puxou. Ah! Esqueci da Romilda, esta anda sempre vestida de amarelo e diz que nasceu no sol; seus cabelos são da cor do sol e quando ela sorri eu não aguento e fico muito alegre.

— Mas por que você diz que a Branca é a que mais te puxou? perguntou o médico que já estava ficando altamente interessado na conversa.

— Porque é loira como eu e tem olhos azuis.

— E a Romilda também não tem cabelos dourados como o sol?

— Tem, mas os olhos dela são muito fortes e não me largam de olhar e às vezes fico com medo, mas logo passa quando ela sorri e nos convida para ir à Praia Dourada; ela vai comigo na frente e as outras vão indo atrás. É sempre assim, não sei porquê.

— Nunca ouvi falar nessa praia, Rose. Onde fica? Você me leva lá?

— Não sei o caminho, mas a Romilda sabe e falarei com ela.

— Dr. Fernando, interrompeu Roberta, já demoramos muito; há muita gente esperando.

O médico atendeu, mas a contragosto. Era um solteirão de meia idade e adorava crianças.

— A senhora tem razão de achar tudo muito exagerado D. Roberta, mas é um encantamento conversar com a Rose. Até me descansou um bocado.

— Mas o que o senhor aconselha!

— Deixe a menina crescer e dê-lhe liberdade para viver como quiser: é uma criança como qualquer outra, porém mais sensível e menos superficial. Tem o seu mundo particular onde nós, os grandes, não podemos entrar. Compreenda D. Roberta: não podemos entrar, é isso mesmo, a não ser que nos façamos crianças como ela. Mas não se deixe impressionar. As crianças até sete anos ainda não estão bem integradas no sistema orgânico e no ambiente exterior; vivem mais do lado de lá que de cá. Por isso é que há bonecas que falam e riem e choram como nos contos de Fadas... a Branca é uma fada bondosa, suave e a Romilda é outra, porém mais autoritária e chefia o bando... É só.

Enquanto as acompanhava até a porta, repetiu mais uma vez: deixe Rose viver como quiser e não intervenha nas suas amizades, no seu mundo maravilhoso e belo. Mas quando a porta se fechou, ele sacudiu a cabeça, pensativamente, dizendo consigo mesmo: sei que este caso vai muito além do comum; vai muito para o lado psíquico; conheço isto...

É bom examinar de quando em quando esta menina Rose.

Mas logo depois, lembrou-se de um ponto que havia esquecido. Fez uma ligação para a casa de Roberta e, quando esta atendeu, perguntou:

— As quatro bonecas de Rose foram dadas pela senhora mesma?

— Não doutor, só existem duas: a Mariazinha e a Criatura; as outras são da cabeça dela.

— Realmente, é assim mesmo. Sua beleza e graça atraem todos aqueles com os quais entra em contato. E como ela os maneja!...

— E sua riqueza também, não se esqueça. A riqueza é um fator de grande importância nas relações humanas, mormente nos dias que correm, de franco desenvolvimento do poder da nação. Ela abre muitas portas, dá segurança, capacidade de realizar e de dominar.

— Não é tanto assim Walli; há muitas coisas que a riqueza não pode dar mas, em geral, é isso mesmo; estou de pleno acordo.

— Os ricos, sem a menor dúvida, dispõem de possibilidades que afetam inúmeras pessoas, influem na vida delas, direta ou indiretamente, no campo do dinheiro em si mesmo, como no campo de tudo o que o dinheiro dá; e assim a riqueza cria dependentes em todos os sentidos.

— Compreendo e creio que Rose já está usando esse poder de fazer dependentes, respondeu Roberta.

— Basta olhar para ver; os que estão lá em cima agora mesmo são, de certa forma, dependentes, seja por ela mesma, pessoalmente, seja pelo que ela promete para o futuro, como um bom partido. Resta saber se ela compreende isso.

— Penso que não, Walli, aposto que não. Ela não liga muito para riquezas e não repara nos admiradores pelo que eles possuem, mas por outros valores, como ela diz sempre.

— Mas isso é um mal e você deve chamar sua atenção. Nem sempre os valores que vencem na vida são os intelectuais. No nosso meio devem valer também, e muito, o nascimento, isto é, o sangue, o nome, a riqueza material, o crédito, o prestígio e as possibilidades para o futuro. Mesmo não sendo um intelectual, o homem, desde que se prepare e se esforce, pode ser um grande líder no seu ambiente social.

— Ela não pensa assim e sei disso pelo que já tenho observado; e veja como estuda! Parece que sua vida depende disso. Agora está interessada em estudar filosofia oriental e com uma devoção que só vendo!

— Incrível o que dizes. Que filosofia é essa?

— Tenho visto no seu quarto alguns livros sobre religião budista e yoga.

— Então não tem tanta importância como pensas: yoga é hoje uma espécie de moda; todo mundo diz que pratica, mas o que parece é que a coisa não passa de ginástica, conquanto um pouco diferente; e budismo é religião de gente adulta, desiludida da vida, não serve para moças bonitas e ricas.

— Penso que você não está bem a par do assunto, mas fale com ela, porque eu não entendo disso e não quero também criar-lhe algum constrangimento evitável.

— Farei isso hoje mesmo e depois falaremos de novo. Agora vou sair. Vou até o clube, onde tenho um encontro de negócios. Até logo.

***

Mais tarde, ao regressar, Valentino chamou Rose; fê-la sentar-se ao seu lado, no sofá do living, e foi direto ao assunto.

— Sua mãe está preocupada com você por causa de uns livros de filosofia oriental que você tem no quarto. Por que lê esses livros?

— O senhor esquece que sou estudante de filosofia?

— Mas de filosofia clássica, escolástica, e não religiosa.

— Não se aborreça, papai, mas eu gosto dessa filosofia religiosa e tenho aprendido muito com ela.

— Por exemplo...

— Desviar meu Espírito de coisas materiais, grosseiras, que só afetam os sentidos, e também de sentimentos humanos inferiores. Conhecer uma religiosidade espiritual, menos pragmática, que levanta o Espírito mais diretamente para Deus, sem interferência de intermediários interessados.

— Que é isso, Rose? Você parece um pregador revoltado contra a ordem de coisas que é própria de nossa mentalidade católica.

— Talvez seja assim, papai e, neste caso, desculpe; não quero ofender ninguém; estou falando em tese; mas a verdade é que sou assim mesmo e me dou bem conhecendo verdades diferentes, fora das imposições de uma fé cega.

— É incrível o que me dizes. Não sabia que você já tem tamanho desenvolvimento intelectual! Sua mãe então tem razão de estar tão preocupada com tanta filosofia... Quem encheu a sua cabeça com estes ideais?

— Ninguém. São ideias minhas, conclusões que tiro dos livros que leio e da matéria que estudo na faculdade.

— Quase que me arrependo de querer ter uma filha sábia demais. Que necessidade tem você de estudar tanto se não precisa disso para viver?

— Meu pai, um dos aforismos dessa filosofia que o senhor deprecia é que a única riqueza que os ladrões não roubam, é aquela que enriquece o Espírito.

— Alguns dos seus amigos e amigas pensam da mesma forma?

— Um ou outro; a maioria estuda para se formar e fazer carreira. Tenho certeza de que seria perda de tempo conversar com eles sobre assuntos mais profundos da alma; são muito agarrados às coisas exteriores.

— E por que você não faz como eles?

— Porque sou rica e não pretendo fazer carreira, o senhor não acha?, disse Rose ironicamente, beijando o pai.

— Você então quer se alçar sobre eles, ser diferente, exótica, misteriosa; ganhar fama de yoguista ou budista... Formidável!

— Não senhor, nada disso! Quero somente conhecer outras verdades, fora dos livros acadêmicos, frios e monótonos e das crenças religiosas pomposas e evasivas.

— Bem, Rose, não aconselho nada porque vejo que você está sugestionada demais; espero que o tempo entre nisso e a liberte logo. Vou sossegar tua mãe; volte agora para os seus amigos.

***

Saindo da sala, Valentino tentou disfarçar seu aborrecimento e quando se aproximou de Roberta, na varanda dos fundos, estava controlado.

Roberta estava debruçada no balaústre que dava para o jardim e conversava com o jardineiro sobre uns enxertos que Rose mandara fazer e que deram bons resultados.

— Falei com ela, disse Valentino, não há nada de importância. O que está estudando é fantasia passageira. Convém, porém, tomar algumas medidas acauteladoras, por causa de suas tendências místicas e seu desprendimento que, para mim, não passa de negligência. Tem ela alguma preferência entre os rapazes?

— Penso que sim; dedica-se mais a dois rapazes da Universidade, que trouxe hoje pela primeira vez: Lúcio Bend e Carlos Vieira.

— De que famílias?

— Não sei e não quis perguntar, mas já percebi que se trata de famílias inferiores ao nosso nível.

— Por que pensa assim?

— Pelo vestir e pelos modos de tratamento. São retraídos, acanhados e não acompanham bem a roda nos atos comuns.

— Fique de vigilância, mas não impeça por enquanto a aproximação deles porque, se ela lhes dá preferência, eles servem de derivação para as ideias místicas que ela tem.

— Não concordo com você; você não conhece bem o coração da mulher e o dela, então, nem se fala; mas vou seguir seu conselho e aguardar os acontecimentos. Temo, entretanto, que se dê justamente o contrário do que imagina.

— Que quer dizer?

— Que em vez de derivação, eles se tornem alimento a essas ideias esquisitas que ela tem.

— Vamos observar durante algum tempo, digamos, seis meses.

— Está bem, como quiseres.

III

ESCARAMUÇAS DE AMOR

No hall amplo e artisticamente decorado, numerosos rapazes e moças entretinham-se alegremente, na algazarra própria dessas reuniões juvenis.

Rose fazia-se de dona da casa. Nesse momento estava demonstrando os passos de uma dança americana, em moda; os rapazes e as moças exageravam comicamente as curvaturas, as gingas e os balanços, que resultavam todavia em uma movimentação geral mais ou menos uniforme e graciosa, que as risadas e os dichotes de gíria tornavam realmente pitorescas.

Rose bateu palmas, o encarregado da orquestra desligou a vitrola e os pares alinharam-se lado a lado, obedientemente.

— Vamos agora comer; todos devem estar com fome.

Ficou de lado, deixando os pares passar para a sala anexa e prendeu o braço de Carlos Vieira quando este se aproximou.

— Entremos juntos, quero falar com você.

— Às ordens, professora.

— Professora de quê?

— De dança, ora essa! E muito competente.

— Ora, deixe de ironias.

— Pelo que vi, prosseguiu ele, mordaz, como se estivesse constrangido com alguma coisa; se você algum dia ficar pobre, poderá bem ganhar a vida.

— Poderei ganhar de muitas maneiras, não só dançando, respondeu Rose um tanto desagradada. Mas logo voltando à cortesia de sempre: sou a dona da casa, você sabe, e preciso animar a festa.

— Claro que sim, mas não precisa fazer muito; com sua beleza e sua graça, anima de todo jeito e não lhe faltam admiradores obedientes.

— Por que não fala claro? Não gosto desse seu jeito.

— Disseram-me que, na alta roda, é de praxe ser diplomata e estou tentando acertar o passo, continuou ele no mesmo tom.

— Deixe de bobagem. Você bem sabe que não tenho preconceitos e gosto de gente simples, sincera.

— Desculpe; neste caso vou atravessar o rio...

— Pois passe logo e acabemos com artifícios. Assim dá mais certo e não precisa arriscar diplomacia alguma.

— E se não der certo?

— Fica derrotado, mas sempre fez o que pôde.

— Quer dizer que você me aconselha ser audacioso?

— Isso é com você, não comigo. As iniciativas são dos homens e não das pobres das mulheres.

— Você é modesta Rose e, neste nosso caso, não deve eximir-se de dizer que sim ou que não.

— Que nosso caso? Não estou entendendo. E, para fugir ao aperto, entrou na sala e passou a servir a todos com desusado interesse.

Carlos retirou-se para um vão de porta e sentou-se junto a um grande vaso ornamental de palmeira anã, ficando por ali a meditar sobre o que Rose dissera. Reconhecia a habilidade dela em plantar em seu Espírito esperanças rápidas que, logo em seguida, aniquilava; por fim, concordou que não levara a melhor na esgrima de palavras e permanecia no mesmo ponto em que se encontrava antes, perdendo uma excelente oportunidade para declarar-lhe seu amor.

— Será que ela pensa que sou um ambicioso vulgar e viso a riqueza que possui? Ou queria se referir ao sucesso que eu poderia conquistar na vida pública e não no coração dela? Teria me enganado tanto?

Por fim desistiu e passou a examinar os grupos que, ao redor da mesa, tomavam alegremente a merenda.

Enquanto meditava, Rose se aproximara e, sem o saber postara-se junto ao vaso, do lado oposto. Estava agora conversando com Bend.

— O que você fez que o Carlos afastou-se e sumiu?

— Não fiz nada demais; conversamos sobre assuntos ligeiros. Por que você quer saber?

— Porque sou amigo dele, bem sabes; somos amigos íntimos.

— Você pensa que o maltratei?

— Seria bom que assim fosse.

— Como assim? É amigo dele e prefere que eu o houvesse maltratado; não entendo.

— Pois prefiro.

— Explique-se então.

— É que assim sobraria alguma coisa para os outros, entende? Você só se interessa por ele. E os outros?

— Não sabia que você tinha procuração desses outros para fazer reclamações.

Largou-o ali e afastou-se sorrindo, misturando-se com os grupos.

Bend murchou; compreendeu que levara uma carona das grandes e perdera uma ótima ocasião de dizer o quanto a amava, mas animou-se quando viu que nos olhos dela, ao se afastar, não havia senão brejeirice; nenhum ressentimento ou desprezo.

E a via agora borboleteando pelos grupos, ouvindo galanteios e passando por todos sem se deixar prender. Era notável a capacidade dela em agradar a todos, ser desejada por todos e recusar-se a todos, como se estivesse além deles; e bem que o estava, pensava ele, pela inteligência, pela beleza, pela riqueza, pela graça.

***

Terminada a reunião, saíram juntos os dois amigos, andando a pé, pela tarde fresca. Era outono e flores e frutas derramavam no ar aromas excitantes. Caminharam em silêncio um largo trecho, como que se esquivando a tocar no assunto que os preocupava.

— Que você tem, Carlos? perguntou Bend, quebrando o silêncio, está fechado, apreensivo. Não estava assim quando chegamos.

— Tive uma conversa com Rose e penso que ela me pôs de lado. E contou a Bend, palavra por palavra, o que conversaram. Que acha você disto tudo?

— Acho que está enganado. Ela até que deu bastante corda.

— Pensa que gosto dela por ambição; será isto?

— Mas não foi ela mesma que te mandou atravessar o rio? Acho que você está com medo à toa. Muito pior aconteceu comigo.

— Vai falando, disse Carlos sem fazer qualquer referência ao falar ter ouvido a conversa toda.

— Pensei que vocês tinham se arrufado, falou Bend, e disse que devia dar mais atenção aos outros e não só a você.

Queria falar de mim, mas ela logo cortou, perguntando se eu tinha procuração para fazer reclamações em nome de outros e me largou.

— Então não é tanto.

— Como não é tanto?

— Pense um pouco, Bend; ela se aborreceu porque queria ouvir você falar por si mesmo e não por terceiros; quer dizer que gosta de você.

— Mas se ela te disse que você devia passar o rio, aventurar, arriscar, isso também quer dizer que gosta de você.

— Está bem; você tem razão: ela então gosta dos dois mas não gosta de nenhum pessoalmente; ou então está na dúvida, sem saber para qual lado se decide. Será isso?

— Acho que sim, Carlos, mas não vamos quebrar a cabeça desvendando esse mistério. Como nós dois gostamos dela, vamos fazer uma combinação: você cuida de mim e eu cuido de você, um defendendo o outro, para provar que nossa parte é tudo claro e obrigá-la assim a se definir mais depressa.

— Combinado. É um bom plano e, seja como for que isto termine, nossa amizade prossegue como sempre. Toque aqui. E apertaram-se as mãos.

PRECONCEITO

No mesmo dia, no palacete, quando a família se reuniu para o lanche da tarde, Valentino chamou Rose ao escritório.

— Quer falar comigo, papai?

— Sim; sente-se aqui, junto de mim; temos que conversar sobre um assunto muito sério.

Rose puxou uma banqueta para frente dele e sentou-se um tanto curiosa e ao mesmo tempo apreensiva pelo formalismo inabitual do pai.

— Todos nós estamos satisfeitos com o êxito dos teus estudos e de tua atuação social; não demora muito que possamos promover tua apresentação oficial à alta sociedade. Até aqui não nos tens dado preocupações sérias.

— Pelo jeito parece que agora fiz qualquer coisa errada. Que foi, papai?

— Por que pensas assim, Rose?

— Pelo teu aviso de que teríamos conversa muito séria.

— É engano teu, filhinha. Não fizestes nada de errado. O que quero dizer-te é que deves evitar atitudes que gerem comentários desairosos ou tragam consequências desagradáveis.

— Credo, papai! Não sei o que possa fazer de inconveniente; não entendo.

— Então, compreenda bem: se você nada fez de errado até aqui, no entanto pode fazê-lo amanhã; unicamente te advirto para evitar isso.

— Continuo na mesma. O melhor será o senhor dizer logo do que se trata; não sou mais uma criança, o senhor sabe.

— Para nós ainda o és, e nosso dever é encaminhar teus passos por caminhos limpos e seguros.

— Está bem, papai; estou de acordo, mas desde que cheguei aqui estou pedindo ao senhor que fale com franqueza. É coisa assim tão grave a ponto do senhor achar difícil revelar, mantendo-me neste estado de apreensão?

— Não há nada que possa causar apreensão, Rose. Quero somente referir-me às relações de amizade que você mantém com certos rapazes de tua roda. É preciso selecionar as amizades, não estreitá-las com pessoas que não preencham os requisitos sociais; evitar, olhe bem, intimidades exageradas.

— Tudo isso eu sei, mamãe me fala nisso sempre.

— Não parece.

— Como assim? Não tenho intimidade alguma com rapazes inconvenientes.

— Nas reuniões, danças com qualquer um, mistura-te com todos; convida quem não conhece.

— Nessas reuniões eu faço as vezes de dona de casa e para ser cortês, danço com todos; isto não quer dizer que me misturo; conheço todos os que vêm aqui e sei que são rapazes decentes e de boas famílias.

— Nem sempre: ainda hoje você recebeu dois rapazes que, segundo parece, são de classe social inferior à nossa.

— Hoje, estranhos ao grupo que aqui vem sempre, só estavam Lúcio Bend e Carlos Vieira, dois ótimos rapazes.

O Bend é filho de um professor secundário e o Carlos é filho de um alto funcionário do Banco do Brasil. Se é a eles que o senhor se refere, digo que são rapazes de ótimo comportamento e muito cotados na Universidade. Já os conheço há vários anos e jamais lhes surpreendi qualquer coisa de reprovável.

— Eis aí: não compreendes que nosso meio social não é formado de professores e de empregados de bancos? Nosso meio é de chefes, diretores, líderes e não subordinados. Ouça isto e pode retirar-se.

Rose levantou-se deprimida. Compreendia agora, em toda sua mesquinhez, os preconceitos de casta social e seu Espírito revoltava-se contra tamanha pretensão humana de distinguir onde Deus não distingue, separar quando Deus une.

Antes de sair acrescentou:

— Já estou vendo, meu pai, que para o senhor inteligência, bondade, qualidades morais são valores que não contam, só valendo o dinheiro. Pois para mim, não; penso de outra maneira: não reconheço outra superioridade que a do Espírito.

Dali foi diretamente para o quarto, onde já encontrou Roberta, que a esperava ansiosa por saber como fora a conversa com Valentino.

Afogueada e resoluta Rose contou tudo, palavra por palavra, sem omitir coisa alguma, certa de encontrar naquele desabafo o apoio incondicional da mãe. Mas, com espanto e revolta, viu que ela pensava exatamente como o pai, mostrando-se dominada pelos mesmos preconceitos e firmemente hostil às suas relações com os dois colegas.

Repetiu os mesmos argumentos empregados pelo pai demonstrando incompreensão visceral em relação aos preceitos de fraternidade humana pregados por Jesus e outros missionários do amor universal, desde os tempos pré-históricos até nossos dias, que estava conhecendo agora através do estudos de filosofia religiosa.

Quando a mãe saiu, deitou-se de bruços na cama e chorou por sentir-se tão isolada, como uma transgressora comum no próprio lar; e por compreender que eram inferiores, retardados, os sentimentos dos pais, conquanto lhe tributassem atenções, carinhos e cuidados materiais, os mais assíduos.

Apesar de jovem já compreendia que isso não bastava; eram sentimentos mesquinhos que não satisfaziam sua alma ávida de conhecimentos mais altos e sentimentos mais elevados; mais espiritualidade, enfim. Profunda foi a sua decepção, porque estava acostumada a ver nos pais pessoas altamente dotadas no campo dos sentimentos e da inteligência e via tudo ruir num só momento.

***

Roberta desceu ao escritório e encontrou Valentino sentado em sua poltrona, frente à janela aberta para o pátio interno; olhava para fora, tão abstraído que nem deu pela sua chegada.

— Que aconteceu Walli? Como foi sua conversa com Rose?

— Mal, muito mal. Ela está imbuída de ideias modernas, extravagantes, dessa juventude desorientada de hoje. Discutiu comigo como de igual para igual, contrapondo às minhas palavras argumentos e ideias que julga serem os mais acertados. Tudo lhe flui da boca como que decorado. Mas garanto que não vou transigir com ela, dê por onde der, exclamou ele furioso, levantando-se impetuosamente. É minha filha, é menor, e tem de obedecer a mim.

Devemos combater essa contaminação, que visa destruir tudo o que é sólido, estável e foi construído com o nosso e o suor de milhares de antepassados nossos.

— Mas, Walli, pelo amor de Deus! O que foi que aconteceu, além disso, para você ficar deste jeito? Nunca te vi assim!

— Estou mesmo indignado, Roberta, porque dessa forma perderemos nossa filha.

— Mas como! Estás exagerando, homem! Rose é uma menina comportada, sensata, de bons sentimentos e muito inteligente. Por que dizes que a perderemos?

— Não vês bem as coisas; ela está se bandeando para essa gentinha que se infiltra na organização nacional, sobretudo nas universidades, visando destruir sua estabilidade para, em seu lugar, implantar a praga do comunismo russo.

— Mas não é tanto, Walli, não é tanto. Eu convivo dia e noite com ela e nunca vi ou ouvi nada semelhante. Acalma-te, vamos, acalma-te. Conversei ligeiramente com ela no quarto, mas não sei detalhes. Conta-me como foi.

— Fui com jeito, falou ele após acalmar-se um pouco, preparando seu Espírito para dizer que proibíamos suas relações com pessoas de classe inferior à nossa, mas ela rebelou-se logo, dizendo que pensava de modo diferente; e quanto aos rapazes disse que são ótimos companheiros e não vê inconveniente algum nessas relações. E agora?

Roberta estava agoniada. Amava intensamente a filha e tudo faria para agradá-la, mas também não poderia permanecer indiferente aos perigos que a rodeavam e que, ao que tudo indicava, poderiam aumentar. Como fazer, pensava ela, para afastá-la desses rapazes, como Walli queria, sem feri-la ou revoltá-la contra os próprios pais? Era preciso estabelecer um plano inteligente de conduta para obter bons resultados.

Trocou ideias com o marido e este concordou e sentiu o problema da mesma forma.

— Vou estudar cuidadosamente o caso, decidiu ele. Mandarei tomar informações sobre os rapazes e suas famílias, até descobrir um ponto que justifique o afastamento, no qual estou interessado, ao demais porque tenho para nossa filha planos mais vantajosos. Aguardemos com calma e procure cercá-la de todo carinho e conforto porque, nestas horas de crise, é que isso se torna mais necessário.

*

Roberta voltou um pouco mais tarde ao quarto de Rose e encontrou-a ainda deitada, olhos fechados, quieta.

— Rose, querida, estás cansada!

— Não, mamãe, estou meditando sobre o que papai disse.

— Muito bem, que é que te aborrece?

— É o ter de afastar-me de Carlos e de Bend porque são filhos de famílias inferiores à nossa, em posição e dinheiro, com o que você também concorda.

— E você, não concorda?

— Discordo completamente! Gente boa, superior, para vocês parece que é somente quem tem dinheiro, sendo de valor secundário os sentimentos que, para mim, possuem valor preponderante.

— E quem te botou na cabeça estas ideias tão filosóficas, tão diferentes da realidade da vida?

— Eu mesma, estudando, investigando, observando, compreendi o que tem valor e o que não tem.

— E os rapazes e as moças com os quais você convive, pensam da mesma forma?

— A maioria não, porque são filhos de gente rica, mas alguns, sim, pensam da mesma forma e alguns, mesmo, são revoltados potenciais contra as injustiças sociais.

— Quais pensam como você, posso saber?

— Vários deles, colegas da faculdade, mas posso citar Carlos e Bend que você já conhece e a maioria das pessoas sensatas.

— Acho que a razão está com os nossos iguais e não com a maioria; cada classe em geral vive em separado para poder manter as próprias tradições. A nossa é a classe alta, dispondo de recursos e poderes, e não temos vocação para a mediocridade.

— Para mim mamãe, devemos respeitar todas as classes sem nos esquecermos de que somos todos irmãos perante Deus. Não convivemos com todos e há marcadas desigualdades de educação, meios, crenças, sentimentos mas, do ponto de vista espiritual, somos todos iguais perante Deus, e devemos fazer o possível para ajudar a todos.

— Está bem, Rose. Tens mesmo umas ideias meio revolucionárias.

— Não senhora, nada disso. Sou pela paz e contra a violência, devendo a humanidade evoluir pela compreensão própria, pelo auto-aperfeiçoamento e pelo amor, sem discriminações e exclusivismos.

— Isso são ideias só para escrever nos livros, para filósofos baratos.

— Mas a senhora não tem religião? Não conhece o Evangelho de Jesus?

— Que pergunta! Claro que conheço, sou católica praticante.

— Como então interpreta o ensinamento que diz que devemos amar a Deus sobre todas as coisas e ao próximo como a nós mesmos?

— Ora, Rose, deixemos de bobagens; isso é modo de dizer, ninguém, nem mesmo os padres, podem viver como o Evangelho ensina; seria absurdo querer isso.

— Mas o Evangelho não é a base do catolicismo?

— Teoricamente é, porém, as interpretações é que valem e o que se obedece na vida prática é o que está regulado nas regras canônicas que os sacerdotes ensinam. Entende?

— Claro que entendo. Mais fácil é sentir uma exterioridade que uma profundeza, um ritual de culto, que uma testemunhação de fraternidade; isto, minha mãe, pode ficar certa que não é o cristianismo verdadeiro.

— Estás louca. Infelizmente vejo que teu pai tem razão em querer afastar você de qualquer jeito, dessas amizades dissolventes.

— Dissolvente, não mamãe; o Evangelho é, ao contrário, edificante.

— Não sofisme; bem sabes que me refiro ao Carlos e ao Bend.

— Não precisa falar deles dessa maneira desprezível; o que penso é por mim mesma, já lhe disse, e alcancei estudando e não conversando.

— Basta, estou farta. Não quero mais discussões irritantes. Não permitirei mais a entrada desses rapazes em nossa casa. Fica entendido?

— Sinto muito o que me diz; penso que isto é o início de maior isolamento para mim.

— Pois se afaste deles e tudo terminará.

— Por esse preço, não; não cometo injustiças. Eles nada fizeram para merecer isso, eu é que os procuro, eu é que os convidei, porque gosto deles e me respeitam e estimam.

— Repito: não quero mais eles em tua companhia; é definitivo![1]

— A senhora pode fechar as portas da casa, mas não as do coração. Este é livre, graças a Deus.

— Não tens medo de teu pai?

— Não senhora; primeiro porque o amo e o respeito, depois porque tenho pena dele e farei o possível para que

[1] Neste livro, tanto quanto possível, foi mantido o modo comum de falar, nem sempre no rigor gramatical.

não cometa arbitrariedades e injustiças contra fracos e inocentes. E o mesmo digo da senhora.

— Meu Deus! gritou Roberta, levando as mãos ao rosto, não posso mais suportar isto! Olha Rose, disse ela enquanto caminhava para a porta, não falarei contigo durante a semana, até que voltes a ser o que sempre fostes antes. E saiu batendo a porta.

OS DOIS AMIGOS

Rose dormiu pouco; sua mente, em franco conflito com o coração, uma parte decepcionada com mentalidade estreita dos pais, que somente agora pudera conhecer, e outra, penalizada por ser obrigada a entrar em conflito com eles. Mas, ao mesmo tempo, exultava por constatar que, apesar de muito jovem ainda, já havia ultrapassado a inferioridade espiritual que eles demonstravam, mergulhados como estavam em preconceitos sociais e interesses somente materiais e transitórios.

O que observava vinha também provar que era exato o conceito da evolução das espécies e respeitável a crença na lei da Reencarnação, bases das religiões orientais e do neo-espiritualismo moderno. Cotejando-se com os pais, ela se julgava diferente, mais emancipada de jugos religiosos também percebia que, efeitos hereditários, somente vigoravam para o corpo físico e não atingiam o campo moral, que é privativo do Espírito.

Continuando a penetrar nas verdades espirituais compreendeu também que essa mocidade pobre de bens materiais, da qual eram expoentes os dois rapazes amigos, colocava-se na escala evolutiva, do ponto de vista espiritual, acima da classe social poderosa e rica da qual ela fazia parte, referindo-se, é claro, àqueles que, pela conduta e pelo sentimento, merecessem tal condição.

Com este pensamento consolador finalmente adormeceu, justamente quando, lá embaixo, o relógio grande da sala de refeições dava três batidas sonoras e austeras.

***

Três dias depois, na Universidade, encontrou-se com os dois amigos. Estava ansiosa para trocar ideias com eles, aquilatando, assim, as próprias forças, testando as conclusões a que chegara.

Foram para o pé de uma árvore de sombra, num dos pátios internos, e, após as trivialidades costumeiras, entrou diretamente no assunto que a preocupava.

— Estava ansiosa para conversarmos, porque tenho coisas muito sérias a expor e desejo ouvir a opinião de vocês.

— Quanta honra, disse Carlos sorrindo.

— Não venha com as suas ironias, reclamou ela. Ou há alguma coisa errada que eu tenha feito?

— Nada, Rose, nada; é brincadeira do Carlos, interveio Bend. Sente-se aqui, disse estendendo um jornal no chão, e nós te ouviremos com toda atenção.

— Que têm feito vocês, perguntou para ganhar tempo. Estudando muito?

— Nem tanto, respondeu Carlos.

— Pensando na vida, acrescentou Bend.

— Fazendo versos, emendou Carlos.

— Quem? o Bend? Quero ver. Recite um para mim.

— Não quero brigar com o Carlos, Rose, ele é muito meu amigo e bem que o merecia com esta intriga.

— Não tenha escrúpulos, disse Carlos; pode recitar, ela pede, rapaz!

— Vamos ouvir a Rose primeiro, disse Bend. Ela está preocupada com alguma coisa e não tem cabimento estarmos falando à toa, quando ela mesma diz que precisa de nós.

— Tem razão, Bend, vamos ouvi-la.

Rose, terminada a disputa, referiu-lhes seus pensamentos noturnos e as conclusões a que chegara sobre as diferenças entre as classes sociais, gerando pobreza, mediania e riqueza. Expôs suas crenças na evolução das espécies, segundo Darwin, atingindo os seres do mundo material; e as leis espirituais, inclusive a da Reencarnação, segundo o pensamento oriental, regulando a evolução moral; referiu-se também às dificuldades de sua posição em aceitar tais crenças, convivendo no meio social que lhe era próprio e na classe dos mais ricos e poderosos.

Queria saber quais os pensamentos deles sobre tais questões. Carlos tomou a palavra em primeiro lugar.

— Acho tudo inferior, instável, nos meios em que predomina a riqueza, não por ela mesma, mas pelos que a utilizam com exclusividade, contando com uma segurança que não existe.

— Julgo presunçosos e infelizes os ricos, falou Bend, porque são pobres de sentimentos e escravos do dinheiro, que os torna incapazes de ver as coisas nos seus aspectos eternos.

— A lei da seleção das espécies, continuou, explica as diferenças; uns vindo antes que os outros e possuindo, por isso, mais experiências e sabedoria; nascendo primeiro, sendo, portanto, mais maduros.

— De acordo, completamente, disse Carlos.

— Acredito na lei da Reencarnação, continuou Bend, ela explica todas as diferenças de ordem material e espiritual. Os mais velhos, não no tempo, mas nas experiências do sofrimento, são os melhores, os mais amadurecidos, mais moralizados, mais humanos, mais fraternos e, por tudo isso, concluiu, inspiram mais confiança.

— Ótimo, disse Rose, aplaudindo. Isto me conforta grandemente. Vejo que defendo a tese mais justa e mais elevada. Obrigada a vocês.

— Vamos agora à poesia, Bend, disse Carlos.

— Deixa isso, Carlos, conversemos com Rose, nem sempre estamos juntos.

— Ora, Bend, já falamos sobre os meus assuntos, como você queria. Vamos agora ouvir a sua poesia que, tenho certeza, será linda. Palavra que estou curiosa, afirmou Rose.

— Vamos Bend; solta o verbo, insistiu Carlos, chasqueando e também, curioso, não obstante já quase ter certeza de que a musa inspiradora era Rose. E para encalistrar o amigo perguntou: será algum amor novo que ele tem, Rose? Também quero ouvir.

Assim apertado de ambos os lados, Bend resolveu-se, dizendo:

— É uma poesiazinha que dedico a você, Rose, sem a menor ideia de lhe constranger e também já vou dizendo que não é nenhuma declaração de amor, palavra que não.

— Está entendido e aceito a ressalva honesta e franca. Pode começar.

Bend tirou do bolso uma folha de papel e leu pausadamente, com evidente emoção, a seguinte redondilha:

Quando teus olhos eu vi,
A minha vida mudou.
O sol mais claro ficou
E mais belo refulgiu

Quando teus olhos eu vi.
Oh! meu amor! A alegria
Entrou no meu coração;
E a noite foi como o dia;
E acabou-se a solidão
Em que minh'alma vivia.
Oh! Meu amor! Nesse dia
Quanto teus olhos eu vi.

À medida que lia, os olhos dela foram se enchendo de lágrimas e Carlos, vendo isso, percebeu que seu coração era de Bend, por mais que ocultasse, e não dele. E, por sua vez emocionou-se, ficou trêmulo e triste.

Quando Bend terminou ela disse, tentando dominar a emoção:

— Linda, Bend, linda esta tua poesia. Muito bela mesmo. Fiquei emocionada. Não sabia que você possuía tal inspiração e tanta delicadeza no contar as tuas coisas sentimentais.

— Que é isso, Rose? Que exagero! Diz isso porque ainda não ouviu as poesias do Carlos. São muito melhores, são sonetos, entende? Coisa muito mais valiosa e não quadrinhas como estas que todo mundo faz.

— Não, Bend, não é todo mundo que faz, pelo menos com essa delicadeza. Vamos, então, agora, ouvir o soneto do Carlos. Está também curiosa.

— Isso é brincadeira do Bend, Rose. Todo jovem apaixonado pela vida, nesta nossa idade, sofre impulsos de extravazar suas emoções, esperanças e desejos em versos. É só isso.

— Pois é isso mesmo, Carlos. E quero ouvir esse soneto. Faço questão.

— Hoje não; outro dia eu trarei um deles para te mostrar. Fica prometido.

— Se ele hoje não está preparado, Rose, marcamos um novo encontro e, assim, ele pode escolher a poesia que quiser ler, propôs Bend, ajudando o amigo a ganhar tempo.

— Está bem, concordou Rose; marquemos outro encontro daqui a três dias, neste mesmo lugar, aceitam?

— Combinado.

Rose levantou-se e partiu sem fazer a menor referência à proibição feita por seus pais. Resolveu deixar o assunto para a próxima oportunidade; nem estava em condições de suportar tristezas nesse dia tão feliz em que ouvira a mensagem tão delicada do amor de Bend.

***

O próximo encontro foi mais decisivo. Rose os encontrou sentados ao pé da mesma árvore; Bend, coligindo notas que tomara na última aula do dia, e Carlos, com o queixo entre as mãos, pensando como conduzir as relações dos três, dentro da amizade que se havia formado, sem criar constrangimentos de parte a parte, pela preferência dada por Rose veladamente e que, nesse dia, deveria ser positivada.

Assim que chegou, Rose dava claramente a perceber que algo de sério havia acontecido; sentou-se junto a eles e permaneceu calada, esperando que um dos dois iniciasse a conversa, mas como também eles se conservassem em silêncio, ela lembrou-lhes o combinado no encontro anterior.

— Vim para ouvir a poesia do Carlos. Será que esqueceram?

— Só por isso? perguntou Bend, intencionalmente, olhando para Carlos, como a convidá-lo a cumprir a promessa.

— Pensei muito sobre este assunto, Rose, e achei melhor não entrar na corrida com Bend.

— Que corrida? A dos versos?

— Sim, isso mesmo; mais ou menos.

— Mas por quê? Não foi isso o combinado?

— Foi, mas não desejo competir. É melhor ficarmos como está e cada um seguir o seu próprio rumo.

— Mas por que isso, gente? Alguma coisa não vai bem entre vocês?

— Nada disso, esclareceu Carlos. Entre mim e o Bend as coisas vão sempre em ordem, em harmonia e assim terá que ir até o fim; pelo menos é o que desejo.

— Estou de pleno acordo com o Carlos. Não há nada mesmo Rose.

— Então é alguma coisa comigo. Estou sentindo isso, disse Rose.

— Você não sabe que os bancários são pobres? perguntou Carlos.

— E que os professores de colégio também o são? ajuntou Bend.

— Mas que é isso que vocês estão falando? Não entendo nada. Haverá alguma dificuldade em que eu possa ajudar? Sejam francos e podem contar comigo.

— Ora Rose, não é nada disso.

— Como não é! Somos colegas e amigos e por que não posso ajudar?

— Nós estamos acostumados, Rose, com dificuldades, falou Bend. Nascemos no nosso meio e vivemos nele da melhor forma possível, sem a menor frustração ou desaire. É melhor você se afastar de nós por algum tempo, até que passe uma onda que está sobre nós três.

Rose estava chocada com a atitude dos dois, pois jamais tal coisa acontecera antes. Eram amigos, trocavam confidências, discutiam em comum seus problemas escolares e sempre se harmonizaram bem; por que falavam agora em dificuldades e separações?

Nesse ponto levou um choque íntimo: teriam eles sabido, de alguma forma, da proibição dos pais no dia anterior ao último encontro. Mas como o souberam?

Levantou-se apreensiva mas resolvida a forçá-los a falar.

— Não querem mais a minha companhia? Podem ser francos.

— Não queríamos tratar deste assunto contigo Rose, para não ferir a tua sensibilidade ou, de qualquer forma, criar impedimentos à continuação de nossa sincera amizade. Mas acontece que ontem à tarde, ao chegar a casa, soube que pessoas desconhecidas andam tomando informações nossas com amigos e fornecedores; sobre nós e nossas famílias, principalmente sobre patrimônio familiar e meios de vida. Meu pai atribui tal fato às relações que temos contigo fora do campus, inclusive em reuniões em tua casa.

Procurei Carlos e vim a saber que o mesmo havia acontecido com a família dele e então compreendemos que devíamos poupar-te o constrangimento de romper conosco, em obediência a teus pais e por isso propusemos a medida em primeiro lugar.

Bend falava visivelmente constrangido e via-se que estava unicamente cumprindo um dever, como emissário de ambos, ante Rose. E para acabar logo com a penosa situação, acrescentou:

— Bem sabes que não podes pôr em dúvida a amizade que te devotamos e que até aqui tem sido retribuída, mas não queremos de forma alguma criar-te dificuldades com os teus e achamos melhor nos afastarmos antes que sejamos obrigados a isso o que, como bem percebes, seria muito deprimente.

Como resposta Rose tomou a mão de cada um deles e respondeu olhando-os carinhosa e firmemente:

— Lastimo que hajam sabido disso e jamais lhes falarei sobre tal coisa. Compreendo a delicadeza do gesto de vocês e quero dizer que, de minha parte, reprovo completamente esse procedimento de meus pais. Mas, falando com a franqueza e a sinceridade a que estamos acostumados, reprovo mas não estranho essa atitude deles; cada um pensa como sente e como pode, segundo o ponto que atingiu na evolução moral do seu Espírito. Doutro lado, talvez estejam agindo calculadamente, dentro do dever que obriga os pais a zelarem pelos filhos. Meu pai é homem influente, pela posição e pelo dinheiro, e usa de seus métodos dentro deste caso mais íntimo e pessoal como costuma agir no campo comercial, informando-se primeiramente para depois tomar decisões. Não vejam nisso má vontade contra vocês; ele nem os conhece pessoalmente. São pontos de vista.

— De acordo Rose, mas nossos pais nos aconselharam nos afastarmos espontaneamente, por algum tempo, até ver se a medida é definitiva, ou provisória; neste último caso voltaríamos então a nos vermos.

Não achas melhor agir desta maneira?

— Sentimos muito, acrescentou Carlos; muito mesmo podes crer; mas não vamos ficar de longe mantendo encontros fortuitos, nem mesmo no campus. Não ficaria bem para nenhum de nós. Não concordas?

— Custa-me concordar com esta solução, respondeu Rose e fico triste em ver que há de fato motivos sérios para o afastamento de vocês; mas creiam que reprovo qualquer pensamento de separatividade entre nós e já disse isso a meus pais; e da minha parte também não quero sujeitar vocês a qualquer vexame e prefiro mesmo concordar; vamos experimentar, disse ela entristecida, e ver se nos acostumamos.

Em um canteiro próximo viam-se vários arbustos floridos; Bend colheu uma rosa e Carlos um cravo vermelho e cada um lhe fez sua oferta, com gestos carinhosos, vendo nos olhos dela as lágrimas que afloravam brilhantes como gotas de luz.

E assim se separaram mas, ao despedir-se, Carlos entregou-lhe um papel dobrado dizendo:

— É uma poesia que não fiz, mas que acho muito própria para um ato deste.

Rose desdobrou o papel e leu:

“Para os que se amam
Não há distâncias
Não existe ausência.
Os que se amam
Não desanimam
Não esquecem
Não dizem adeus.”

Ela beijou o papel e disse, afastando-se: é para vocês dois este beijo. Sofria no fundo da alma a angústia daquela separação.

IV

ESTRANHOS INDÍCIOS

Traumatizada psiquicamente pelas exigências dos pais e pela separação dos dois rapazes, a partir desse dia Rose fechou-se em si mesma, fugiu das reuniões sociais, passeios, bailes, esportes e dos muitos outros atos que fazem a alegria da juventude e limitou-se a viver no lar sem expansões, refugiando-se nos estudos, mais que nunca. Fez um propósito firme de abrir seu caminho no mundo pelo esforço próprio, desinteressando-se completamente das grandezas e das riquezas do meio social em que vivia.

Não atendeu a conselhos, pedidos, exortações; vivia para seus livros, visitava museus, exposições de arte; frequentava conferências públicas, concertos, procurando aturdir-se com atividades constantes mais próprias para pessoas de idade maior.

Queria fazer-se por conta própria, tornar-se independente e mostrar aos pais que o maior valor da vida humana é o Espírito, com seus dotes de inteligência, razão e livre-arbítrio e com os sentimentos devidamente evoluídos no sentido do bem.

Em pouco tempo suas notas de estudos granjearam-lhe os primeiros lugares na faculdade e, ao mesmo tempo, seu nome ficou bem conhecido nos lugares onde se cultuasse o pensamento, a arte, o Espírito; nunca como agora, via-se requisitada pelos rapazes ricos das altas rodas da sociedade, que a assediavam constantemente sem compreender seu alheamento e desinteresse.

Na realidade, ela amadurecera prematuramente.

Por outro lado, seus estudos de assuntos espirituais intensificaram-se e a levaram a conhecer as últimas conquistas do Espírito no campo religioso-filosófico, assistindo a conferências sobre diversos ramos desse setor; porém em nenhum deles encontrava atrativos mais fortes e profundos que satisfizessem a ânsia de espiritualização que dela se apoderara nos últimos tempos e que aumentara grandemente após os desenganos sofridos.

Uma tarde, quando visitava livrarias, encontrou, na seção "religiões", várias obras sobre Espiritismo, pelas quais se interessou; perguntando ao livreiro como iniciar-se nesses conhecimentos, ele apontou-lhe os livros mais adequados para principiantes e forneceu-lhe um esquema progressivo de estudos, findo os quais deveria então frequentar alguma casa espírita idônea para tomar conhecimento das realidades fenomênicas. Teve sorte de encontrar no livreiro pessoa conhecedora do assunto.

A partir daí enveredou por essa trilha nova e tão acessível a todos os que a buscam e, em pouco tempo, já se encontrava em condições de poder assistir aos trabalhos práticos passando então a frequentar grupos particulares, onde realizavam a doutrina duma forma eclética, isto é, sem especializações, passando em seguida a trabalhos mais completos. Em todos eles notou que o problema mais delicado era sempre o do intermediarismo entre os planos material e espiritual, o que levou seu espírito investigador e curioso a estudar mais a fundo a questão mediúnica. Nesta prática, percebe que, também em si mesma, determinadas faculdades estavam se revelando o que, em demasia, a emocionou, porque compreendeu que esse fato mudaria profundamente as condições de sua vida atual.

Por fim, foi apresentada a dirigentes da Federação Espírita do Estado onde entrou em contato com as realizações mais autênticas e elevadas, baseadas em escolas e cursos de iniciação regular e metódica, ingressando sem vacilações na Escola de Aprendizes do Evangelho, a qual cursou até o fim, recebendo o título de Discípula de Jesus.

Isto lhe permitiu formar da Doutrina dos Espíritos a mais perfeita e justa compreensão, verificando que apesar de possuir outros aspectos, o mais importante deles, o mais vinculado à Espiritualidade Superior, era o do caráter religioso que, por fim, também percebeu ser aquele que mais profundamente lhe falava à alma.

Penetrou no conhecimento da sua larga aplicação nos fenômenos da vida universal, sua profunda significação moral e redentora, sua simplicidade liberta de rituais, exterioridades e acomodações, tão comuns nas correntes religiosas dogmáticas, quase sempre evasivas, que não respondem às interrogações, fogem ao diálogo e não satisfazem às necessidades mais íntimas das almas em provação.

Compreendeu que afinal havia encontrado a paz que tanto buscara, o ideal religioso que jamais tivera, a glória de viver, sofrer e sacrificar-se para atingir, no futuro, uma vida melhor, em mundos mais perfeitos e francamente acessíveis para todos aqueles que os buscam com humildade e perseverança, através das vicissitudes que a vida impõe e que as leis espirituais exigem de todos os homens.

Abandonou tudo o mais referente a buscas e concentrou-se nessa vivência gloriosa, destinada à evangelização das almas; sentia-se fortemente amparada agora, e bem de perto, por uma poderosa força invisível porém sempre presente, acessível a todas as horas do dia ou da noite; era agora um membro devotado do imenso exército do Cristo, a lutar pela redenção da humanidade. Isso a enaltecia ante si mesma.

***

O tempo correu rápido e atingiu o fim do seu curso de filosofia, no mesmo ano em que Carlos e Bend recebiam seus diplomas de engenharia e de medicina respectivamente.

Na rumorosa festa promovida pelos pais, sentia-se como ausente, desinteressada; mas como era seu dever permaneceu o tempo exigido pela praxe, retirou-se logo em seguida para seu quarto, pretextando indisposição.

Sentia realmente enorme pressão no peito, desejo insopitável de isolar-se de todos e de tudo. Aquilo não tinha para ela a mesma significação que tinha para os outros.

Deitou-se mesmo vestida e logo estranho torpor a invadiu e uma angústia que não podia definir. Estaria doente? Sossegou um pouco e passou a examinar os acontecimentos desse dia vindo-lhe logo à lembrança, e bem nítida, a cena da formatura: ela e seus pais no saguão de entrada, saindo da Universidade, quando avistou os dois rapazes amigos, que não via há muitos meses; viu que se aproximavam para cumprimentá-la, mas estacaram, irresolutos ante os olhares frios e hostis de Roberta e Valentino, que também perceberam a atitude deles e demonstraram, de forma evidente, sua repulsa, mantendo-os afastados por atribuírem a eles todas as extravagâncias de caráter e de atitudes demonstrados ultimamente por Rose.

Ela sabia que eles acabavam de receber também seus diplomas e natural seria que a cumprimentassem, dando com ela no saguão. Isso a magoou profundamente e fê-la sofrer uma frustração intensa, considerando a amizade que os une, o procedimento correto que eles vinham mantendo, conforme combinaram, desde o dia em que se afastaram voluntariamente e de comum acordo.

Rememorava, no silêncio do quarto em penumbra, decepções, as desilusões, a solidão de alma que vinha sentindo desde então, compreendendo também o quanto representava de conforto e alegria a amizade que os ligava.

Com essas lembranças adormeceu sem o perceber; um sono profundo a envolveu enquanto na mansão os ruídos da festa soavam cada vez mais intensos, com as libações de bebidas fortes e caras e as danças excitantes e movimentadas.

Sendo reclamada com insistência sua presença à hora dos brindes, Roberta subiu ao quarto e encontrou-a dormindo profundamente: chamou-a repetidas vezes, inutilmente, e, por fim, deu aos convidados as explicações aceitáveis de emoção, cansaço etc.

Terminada a festa e, antes de recolher-se aos seus aposentos situados na outra ala do edifício, Roberta voltou ao quarto e viu que a situação não mudara. Inquieta, chamou a criada de quarto que estava substituindo Nata, ausente, no interior, visitando uns parentes e, auxiliada por ela, mudou as roupas de Rose e acomodou-a melhor na cama. Viu que seu pulso estava muito lento, mas atribuiu isso às canseiras do dia e às emoções naturais desses acontecimentos; dando ordens à criada para que, de hora em hora, viesse se informar do estado da filha, retirou-se.

***

Rose dormiu vinte e quatro horas seguidas. Acordou estremunhada, tomou um copo de leite que a criada lhe deu e adormeceu de novo. Sendo avisada, Roberta ficou inquieta, julgando o fato um tanto fora do comum e, de acordo com Valentino, mandou chamar o dr. Fernando.

Este acudiu logo e encontrou Rose da mesma forma, sem a menor alteração. O pulso era regular, e nenhuma febre, simplesmente dormia. Conquanto julgasse exagerado o sono, admitiu as razões já expostas por Roberta; mandou que a deixassem dormir enquanto quisesse e até que houvesse alguma reação orgânica favorável a melhor exame.

Essa noite Roberta, ela mesma, ficou de vigília e, recostada na poltrona do quarto, repassou os acontecimentos: surpreendera várias vezes Rose absorvida em leituras de doutrinas proibidas pela Igreja e alarmou-se grandemente quando verificou que ela estava fortemente inclinada para o Espiritismo e até mesmo frequentava lugares onde essa heresia era praticada. Guardou silêncio para não inquietar o marido na certeza de que tudo passaria como novidade que era, na mente de uma moça como Rose, dotada de alto pendor para investigações dessa espécie; mas agora bastava e, já formada, poderia Rose dedicar-se a atividades mais sérias e normais.

Comunicou, entretanto, o fato a Valentino e este aconselhou-a a procurar conselho com o seu sacerdote, seu confessor, e, conforme fosse sua opinião, agiriam logo no sentido de resguardar Rose de qualquer contaminação perigosa.

Logo cedo Roberta procurou o confessor e, foi com verdadeiro espanto, que ouviu de sua boca declarações lisonjeiras sobre a chamada Doutrina dos Espíritos.

— Minha filha, disse ele, há muitas doutrinas no mundo, mas é preciso, para formar opinião, distinguir os conhecimentos falsos dos verdadeiros. Quando verdadeiros, tenham o rótulo que tiverem, devem ser considerados com respeito e boa vontade, em obediência à proclamação universal que veio do céu na madrugada do nascimento de Nosso Senhor. Essa doutrina de que falais tem sido mal julgada, confundida com práticas condenáveis que a ela não pertencem e, conquanto seus ensinamentos divirjam dos da Santa Madre Igreja, convém saber que sua base essencial de ação é o Evangelho de N. S. Jesus Cristo. Mesmo não concordando com os conceitos que ela ensina, nem por isso a condenamos, porque Jesus ensinou que não deveríamos julgar, porque com a medida com que julgássemos seríamos julgados.

É preciso, continuou ele, ter cuidado para não confundir religião verdadeira, conhecimento verdadeiro, com superstições e práticas satânicas, que sempre foram usadas por indivíduos maldosos e mal intencionados; mas essa recomendação não se aplica a essa doutrina de que falais, porque sabemos que sua ação é para o bem da humanidade e, se algum adepto não age com lisura, retidão, nem por isso devemos condenar a doutrina em si mesma, porque esta é uma regra de justa medida.

— Mas, frei Antonio, interrompeu Roberta, nervosa, perplexa, o que o senhor me diz é para mim surpresa enorme, porque sempre os sacerdotes de nossa religião católica pregaram contra tudo aquilo que não fosse autorizado pela Igreja, principalmente contra heresias, dentre as quais sempre foi posta em destaque essa falsa religião.

— Sei disso, mas de minha boca nunca saíram palavras de anátema contra qualquer religião que não fosse a nossa; sou também sacerdote desta nossa santa religião católica e dou-te conselhos porque vieste pedi-los e estes que dou são firmemente alicerçados no Evangelho que manda tolerar o que não se ama e, até mesmo mais, a saber: amar ao que não se tolera. Não há, pois, nada a retirar ou modificar no que disse, terminou ele, e aguardo tua declaração de aceitação ou de recusa, para dar-te ou não a minha paz de sacerdote, em nome de Nosso Senhor.

Vivamente impressionada pela enérgica e elevada resposta do confessor, Roberta finalmente humilhou-se e declarou obediência aos conselhos dados, livrando-se, portanto, de responsabilidade sobre tudo o quanto, por efeito deles, viesse a suceder a Rose.

Regressando, relatou o ocorrido a Valentino, que associou sua perplexidade à dela, porém, conhecia a fundo a santidade do confessor e não se atreveu a discutir suas opiniões, tão francamente manifestadas.

— Rose já está praticamente maior; deixemos pois que ela estude o que quiser. Somente vamos pedir-lhe que pelo menos duas vezes ao ano procure frei Antonio e aconselhe-se com ele diretamente e aceite, no que puder, os conselhos desse sacerdote amigo; não posso admitir que ela, justamente agora que tem mais equilíbrio moral, se desvie da religião dos seus pais.

— Está bem, Walli, faremos assim e aproveitarei as circunstâncias desse seu sono inexplicável para convidá-la a visitar o frei.

NO LIMIAR DA CRISE

Na manhã seguinte o médico voltou ao palacete para examinar a menina mais devagar pois, realmente, achava que ela precisava de um exame geral, talvez, até mesmo, do auxílio de um psiquiatra, pois que desde pequena fora sujeita a fenômenos um tanto fora do equilíbrio orgânico normal.

Encontrou-a sentada em uma poltrona, junto à janela envidraçada do quarto. À porta foi interceptado por Roberta, que ansiosamente o esperava.

— Dr. Fernando estava à sua espera desde cedo. Rose acordou há umas duas horas, mas está completamente diferente, nem parece a mesma pessoa; fala uma língua que não se entende e às vezes fica exaltada e conversa com pessoas que a gente não vê, nem sabe quem é. Não sei que pensar, doutor, terminou ela, com lágrimas nos olhos.

— Acalme-se D. Roberta; vamos examinar a menina mais devagar e depois conversaremos; mas quero entrar no quarto sozinho e conversar com ela livremente. A senhora sabe que há muitas coisas que as pessoas doentes ou desorientadas não gostam de revelar aos familiares e o fazem facilmente a amigos ou aos médicos.

Entrou no quarto sem fazer ruído e avançou uns passos, parando para observar, à socapa, as atitudes de Rose, surpreender algum gesto ou palavra que lhe facilitasse penetrar melhor no problema clínico, mas ela estava imóvel: quieta, olhos abertos, fitando ao longe, através da vidraça, as árvores do pátio interno e assim permaneceu até que ele se cansou e caminhou para junto dela.

Quando percebeu voltou-se e recuou amedrontada, correu para junto da janela e ali ficou, olhando-o como a um estranho. Surpreendido com essa atitude falou-lhe com calma, chamando-a pelo nome, repetindo o chamamento, até que ela respondeu com uma frase curta e rápida, como que ao seu turno, chamando alguém cujos nomes lhe pareceram ser Bóris e Ivan.

Para ligar-se a ela repetiu esses nomes interrogativamente, insistindo neles, até que ela balançasse a cabeça afirmativamente, a cada um dos que eram pronunciados; então, animando-se, ela falou de outras coisas, segundo parecia ligada ao ambiente, porque apontava para sua roupa, para os móveis, para o lustre do forro, mostrando-se admirada.

O médico nada entendeu, mas viu que não era língua ocidental conhecida; e para não amedrontá-la, mais do que já estava, fez-lhe com a mão sinal que esperasse e, já estava saindo do quarto, quando teve uma inspiração feliz: vendo sobre a mesa vários livros, voltou e passou a examiná-los encontrando, por fim, um atlas geográfico. Apanhou-o e chegou-se a ela devagar, mostrando o livro, do qual foi virando as páginas e observando suas reações; ao chegar quase ao fim, aberta a página referente aos países asiáticos viu que ela animou-se, sacudindo afirmativamente a cabeça; foi correndo o indicador sobre todos os países e, quando chegou à Rússia, ela se interessou, prestou demorada atenção e, por fim, com o dedo mostrou o nome de Smolensk, cidade da Rússia central.

Dando-se por satisfeito, saiu à procura de Roberta, que encontrou no living, conversando com Valentino, que estava entrando naquele instante.

— Já esclareci uma parte do mistério, dona Roberta; e contou-lhe a experiência que fizera com o atlas.

— Estará ela então meio louca! exclamou Valentino.

— Deve estar somente delirando, respondeu Roberta.

— O que é que o senhor pensa, doutor?

— Se estivesse somente delirando, dona Roberta, ela não mostraria inteligência, como mostrou.

— Mas, se ela chama alguém com aqueles nomes, quem sabe se a presença de Walli pode ajudar? perguntou Roberta.

— Entre lá então, disse o médico dirigindo-se a Valentino, porém, com calma e não insista se ela não o reconhecer.

Valentino entrou no quarto, mas foi logo visto por ela que, levantando-se de chofre, correu de novo para junto da janela, chamando insistentemente: Bóris, Bóris!

Mesmo sem entender o que ela dizia mas, só pelos gestos, Valentino viu que falhara, mas ainda insistiu um pouco.

— Sou eu, Rose, teu pai Valentino.

Mas ela continuava refugiada na janela, assustada.

— Não insista sr. Valentino; é inútil e será ainda pior. Vamos deixá-la um pouco sozinha até que se acalme.

Saíram para a saleta ao lado, comentando a situação, que o próprio médico não sabia definir com propriedade.

— Diga-me com franqueza sr. Valentino: Rose sofreu qualquer decepção, qualquer desilusão, ou aborrecimento forte, que a abalasse seriamente?

— Só se for porque a proibimos de manter relações de amizade com dois colegas da Universidade.

— E qual a razão disso, posso perguntar?

— Desnível social, respondeu Valentino secamente.

— Ela mostrou-se chocada com isso?

— Creio que sim, chocou-se um pouco; deu de estudar muito, sair muito, frequentar bibliotecas, conferências, museus, etc., mas não creio que isso bastasse para chegar a este estado.

— Isso deve ter influído, porque há sempre uma razão forte e muitas vezes sentimental no fundo destas crises.

— Não seria então mais acertado chamar um psiquiatra, doutor?

— Por enquanto não; estou reunindo elementos sobre o caso, depois talvez concorde, mas tudo sem precipitações.

— Faça então como achar melhor, pois temos confiança no senhor.

***

Roberta voltou ao quarto um pouco depois e encontrou Rose sonolenta, semi deitada na poltrona; chamou a criada e com auxílio desta levou Rose para a cama, agasalhou-a bem e retiraram-se ambas para que ela repousasse, na esperança de acontecer como da outra vez, em que acordou em estado normal.

Mas esse sono foi mais prolongado, trazendo novas preocupações à família e ao médico. Estava este no living, trocando ideias com Roberta, quando a criada avisou que Rose tinha acordado e informou que Nata acabara de chegar.

— Chame-a logo e mande que suba imediatamente ao quarto de Rose.

Quando entraram, Rose estava com os olhos abertos, em silêncio e imóvel na cama. Aproximaram-se ambos, cautelosamente mas, com surpresa ela foi a primeira a falar, perguntando porque aquela atitude esquisita para chegar perto da cama.

— Não é nada demais minha filha. Você estes dias não tem estado bem e o dr. Fernando veio ver-te. Como está se sentindo agora?

— Não sinto nada; somente estou um pouco atordoada, mas isso passa logo.

— Eu também penso, disse o médico; assim é melhor, graças a Deus.

NA MENTE MAIOR

Rose voltou ao normal; nada aconteceu de novo até o oitavo dia. Nesse dia não acordou à hora do costume e Nata percebeu logo que estava ruim outra vez.

Roberta estava chegando ao quarto e dirigiu-se a Rose mostrando estar feliz por ter, por fim, acordado.

— Rose, minha querida, estás ficando muito dorminhoca, sabes? Por que não levantas mais cedo e desces a passear com Nata no jardim! O velho Rodrigues se queixa de que nunca mais apareceste.

E enquanto falava Roberta aproximava-se da cama, na qual sentou-se, tentando beijar a filha, mas esta, com o braço repeliu-a e sentou-se, visivelmente assustada.

— Meu Deus! clamou Roberta. Será que isto não acaba mais?

Mas Rose respondeu logo, na mesma língua estranha que o dr. Fernando dissera parecer o russo, por causa do teste que havia feito com o atlas. Estava agora falando rapidamente, muito excitada, saltou da cama com o rosto afogueado.

— D. Roberta, pediu Nata, quer falar um pouco comigo aqui na saleta?

Ali chegando falou baixo, no ouvido de Roberta: ela está mesmo falando russo, D. Roberta.

— Será mesmo possível uma coisa desta? Que absurdo, Rose nunca estudou essa língua!

— Eu garanto o que digo; a senhora está se esquecendo que eu nasci na Ucrânia, onde se fala essa língua!

— Ah! É verdade. Desculpe Nata. Mas então o que ela está falando há tanto tempo?

— Está dizendo que quer falar com o pai e pergunta onde ele está.

— Vamos então mandar chamar Walli. Mas olhe Nata ele já esteve lá com ela na outra vez em que ficou assim mas ela fugiu dele do mesmo jeito.

— Está certo, dona Roberta, mas acontece que ela quer falar com o pai russo e não com o sr. Valentino. O pai que se chama Ivan.

— Valha-me Deus! Quem pode entender isso? Fique aqui com ela que vou chamar o dr. Fernando outra vez.

***

O médico atendeu logo e Roberta contou-lhe a conversa que tivera com a criada, confirmando sua suposição de ser língua russa. Ele meditou um pouco e depois aconselhou que a criada permanecesse sempre junto de Rose.

— Pode ser que elas se entendam e assim a criada nos forneça elementos decisivos, para cuidarmos do caso com mais segurança.

Roberta concordou; chamou Nata e deu-lhe instruções para que conversasse com Rose e procurasse desvendar o caso duma vez.

— Mas evite contrariá-la, recomendou o médico, o que queremos é que ela saia dessa alucinação, que já está muito demorada.

***

Com essa providência a situação passou a desenhar-se muito mais claramente para todos e Nata começou a desempenhar seu importante papel de intérprete e de enfermeira.

Sentou-se ao lado de Rose e saudou-a em russo; o efeito foi imediato; prontamente Rose voltou-se para Nata, sorriu e foi fácil iniciar uma conversação ampla, fluente, franca, amistosa, que culminou com a narração da dramática história que Rose estava vivendo.

— Sente-se melhor agora? perguntou, tomando-lhe as mãos.

— Sim, muito melhor, mas sinto-me sozinha, abandonada, sem saber bem onde estou.

— Sozinha não estás; eu serei como tua mãe, se ela aqui estivesse, podes confiar em mim completamente.

— Não poderás ser minha mãe; ela morreu quando nasci. Isto era o que papai sempre dizia. Se minha mãe não tivesse morrido, muita coisa ruim não teria acontecido.

— Sossegue, vamos, isso é sempre assim para todos, as mães não deviam morrer, mas sempre morrem e nós filhos ficamos. Agora não estás mais só. Eu te ajudarei em tudo. Por que estás assim tão assustada?

— É que os franceses estão na granja e não sei onde está meu pai.

— Como ele se chamava?

— Chamava, não, ele não morreu. Chama-se Ivan.

— Sim, fico sabendo. Mas continue a contar o que aconteceu.

— É que o Maximino voltou assustado, dizendo que parecia tudo calmo, mas viu muita gente chegando e enchendo a estrada. A senhora Isabela não queria que eu fosse, mas eu fui, para ver o que tinha acontecido a meu pai. Mas antes não fosse... que desgraça!

E começou a chorar desconsolada e ofegante, parando de falar. Nata arrumou-a melhor na cama, aconchegou-lhe a coberta e sentou-se ao lado, para dar-lhe confiança.

— Se quiser dormir pode; eu ficarei aqui perto de ti. Tens fome?

— Sim, tenho fome.

— Vou buscar um pouco de leite. Não se mexa e me espere.

— Sim, mas não demore; não me deixe sozinha, por favor.

Nata voltou logo com um pequeno lanche e fez que o comesse.

Quando terminou mostrou-se mais animada e sorriu fazendo perguntas:

— Mas quem é a senhora? Ainda não nos conhecemos.

— Sou Natuska, tua amiga de agora.

— Não me lembro; de onde a senhora é?

— Nasci em uma cidadezinha da Ucrânia chamada Lutski, junto ao rio Styl. Conhece?

— Não; fica perto de quê!

— De Kremenetz, cidade bem grande, não muito distante.

— Também não conheço.

— E você, onde nasceu? E como se chama?

— Meu nome é Kátia e nasci em Smolensk.

— Boa cidade. É perto de Moscou, hein!

— Meu pai dizia que sim; eu nunca fui lá.

— Queres levantar da cama e ficar perto da janela? Eu te ajudo.

— Não, não quero, sinto tonteira; fico aqui mesmo.

— Então ficamos. Estou gostando de conversar com você. A gente quando conta as coisas, desabafa e fica mais leve, não é, Kátia? Mas se não quiseres não faz mal, vou fazer outra coisa.

— Não, não. Quero que fique; não sei onde estou e preciso da senhora.

— Continuemos então a conversar, até que você melhore e sua cabeça fique bem assentada; falando, na certa que você vai se lembrando de tudo. Você teve uma doença de febre, que a deixou assim confusa e atrapalhada.

— Estou mesmo, mas quero ficar boa logo. Mas onde é que estou?

— Conte então a sua vida e depois eu conto a minha, assim uma distrai a outra; queres?

— Sim, quero; vou contar tudo direitinho. Estou começando a me lembrar das coisas, mas vem vindo tudo de tropel e isso me estonteia.

— Fale devagar, coisa por coisa, pensando no que está contando na hora e não deixando que as outras tomem lugar, compreende?

— Sim, compreendo. Vou falar primeiro da granja, tudo da granja, não é? Pois nasci na granja do meu pai, conhecido por tio Ivan da beira da ponte. Não conheci minha mãe porque morreu quando nasci. Ali na granja fiquei sempre. Quem cuidava de mim era Andréa, uma mulher pobre, sem família, que meu pai recolheu em casa. Quando ela morreu de febre, eu já estava quase moça e tomei conta da casa.

Quem morava mais perto de nós eram os Moreslau, gente muito boa de quem eu gostava muito. A granja deles era como uma fazenda, de grande, e a mãe Isabela tinha sido muito amiga de minha mãe, como irmãs, como meu pai sempre dizia; eu passava mais tempo em casa dela que na nossa porque a nossa ficava junto à ponte do Beresina e meu pai vivia de dar comida e bebida para os que passavam.

Tudo foi bem até o dia em que começou a guerra e eu perdi tudo que tinha e até meu pai, que nunca mais vi. Neste ponto começou a chorar e não pôde prosseguir, dizendo que tinha grande confusão na cabeça, só de lembrar essas coisas.

— Não faz mal, Kátia. Descanse um pouco; vá contando devagar e eu vou te ajudando a lembrar.

Kátia acomodou-se melhor na cama, pediu para cerrar mais a cortina da janela e recomeçou a narrativa, que passou a fazer em uma espécie de transe emocional, como se estivesse vivendo tudo o que descrevia, das dramáticas cenas de seu longínquo passado, ainda tão fielmente gravadas em sua mente; uma vida diferente como jamais poderia imaginar se fosse Rose; mundos e realidades grosseiras e violentas, tão incompatíveis com a vida da filha de um rico industrial da civilizada capital bandeirante.

V

A INVASÃO[2]

Kátia via-se em cenário conhecido, onde se localizava a granja de seu pai; cenário agreste, monótono, situado em uma enorme planície que se perdia de vista na linha quase indistinta do horizonte aberto de todos os lados.

Estava em uma sala pequena, tendo ao centro uma mesa e quatro cadeiras rústicas, com assentos de palha trançada, comuns de encontrar nas casas de campo de gente pobre.

Fugindo à solidão levantou-se e chegou-se a uma janela semi-aberta, que dava para um pátio interno, onde galinhas de várias cores ciscavam no chão barrento, algumas acompanhadas de bandos de pintos vorazes. Sentou-se em uma cadeira junto à janela e tomou-se de interesse pelo modo abrutalhado como a galinha ajudava os filhotes a alimentar-se, enterrando as unhas no chão, ciscando forte para os lados, pondo à tona detritos e pequeninos vermes que os pintos, sofregamente, precipitavam-se a devorar.

Muito tempo ali ficou olhando, apática, indolente.

---

[2] Observação: A história que Kátia contou, vivendo os lances como no próprio momento em que ocorriam, vai aqui posta em forma literária, ordenada, para evitar confusão e ser melhor entendida. Em toda esta narrativa o autor não se ateve rigorosamente a regras ortográficas e gramaticais, principalmente nos diálogos, para ficar mais ajustado ao modo de falar da narradora.

Em outro ângulo do pátio, separado deste por um cercado baixo, de ripas de madeira rústica, que terminava no rio, grasnavam, batendo asas, patos de cores diferentes; parte, dentro do rio, nadando tranquilamente afundando o pescoço na água para caçar detritos ou peixes miúdos que passavam à deriva e parte sacudindo-se em terra, à sombra de um arvoredo raquítico e desfolhado.

Saindo da janela, atravessou uma porta à direita e passou a uma horta, onde havia verduras e ervas próprias para tempero de comida; tomando folhas de umas e de outras, caminhava, esmagando-as entre os dedos, para aspirar-lhes o perfume; e dirigia-se para o pombal, ao fundo da horta, quando ouviu chamar de dentro da casa; era uma voz ríspida, rouca, que sabia ser a de seu pai; logo apressou-se gritando:

— Já vou, pai, já vou.

— Kátia, que faz aí vagando, que não vai dar ração às aves? Já passou da hora.

— Já vou indo, pai, já vou indo.

Correu para o celeiro, aos fundos do pátio enlameado, temendo represálias que, sabia, não demoravam a vir em caso de demora. Mas a voz roufenha alteou-se de novo:

— Quantas vezes já te disse que não atravesses o terreiro das aves? Por que não vais pelo passadiço coberto, onde não há barro para sujar os pés? Será que não compreendes uma coisa tão simples?

Voltou então para a saleta e saiu de novo pela porta lateral, tomou o passadiço e entrou no celeiro, onde as caixas de madeira, contendo as rações, se alinhavam encostadas à parede. Tomou a bacia de cobre, pendurada ao esteio central e a encheu de grãos destinados aos patos; saiu para o pátio, chamou as aves, derramou os grãos em um cocho de madeira encostado à cerca e voltou para preparar a ração das galinhas, despejando-a em outro recipiente igual, no outro lado do cercado.

Calçou os tamancos para atravessar o pátio lamacento e dirigiu-se para a rampa que descia para o rio, mas então, parou: do outro lado da margem viu que se aproximavam inúmeros cavaleiros, armados de longas lanças, que se dirigiam rapidamente para a ponte, onde se aglomeravam à espreita de algo que ela não via.

Era o fim da estação e as árvores da granja estavam se desfolhando e o vento frio já varria a planície, vindo do norte, encrespando levemente as águas do rio. Enquanto olhava, sem compreender o que se passava, outros grupos de cavaleiros chegavam e, assim, em pouco tempo, era uma multidão, espalhando-se pela margem do rio, à direita e à esquerda da ponte.

Olhando mais para longe viu, espantada, que legiões deles se movimentavam na mesma direção e, então, alarmada, correu para dentro, gritando pelo pai.

— Pai, pai, venha depressa, está chegando um mundo de gente armada.

Atendendo ao apelo um homem alto, magro, sem barba e com um bigode ralo caindo sobre a boca, desceu para a saleta, vindo do sótão.

— Que gritaria é essa, Kátia? Quem é que está chegando?

— Olhe pela janela.

Ele olhou e franziu logo o cenho e correu para o celeiro, subiu ao forro e escondendo-se na palha, olhou de novo; dali ele enxergava muito mais ao longe; e levando a mão direita aberta sobre os olhos, como uma pala, descortinou o trecho da estrada, desde longe, por onde vinha se aproximando um grande escalão de tropas. Desceu depressa, nervoso, praguejando e segurando o braço de Kátia disse--lhe rapidamente:

— São os franceses que estão chegando; já os conheço bem. Corre a avisar os Moreslau para que se escondam e fique você com eles; escondam o gado, os cavalos, as ferramentas e fujam para o bosque da pedreira; levem comida o mais que puderem e colchões para dormir. Diga que é a guerra que está chegando e que, agora, ninguém mais tem a vida no seguro, compreendeu?

— Sim, meu pai, vou correndo; mas voltou da porta do pátio: e o senhor? Vem também logo!

— Não, avise que não vou. Sei lidar com eles e fico aqui para defender a granja e ganhar a vida. Vamos, vá depressa, rapariga.

Kátia fugiu ligeira, pelos fundos, procurando não ser avistada da outra margem. Ao atravessar o pátio das aves, soltou a corrente que prendia o cão de guarda.

— Venha comigo, Turco, senão os franceses te matam. Corra. Meu Deus! exclamava enquanto corria, que coisa ruim essa, agora, e assim tão de repente! E esse caminho tão sujo de mato! Agachada sob os arbustos raquíticos, corria seguida pelo cão, parando de vez em quando para descansar.

— Meu Deus! Olhe Turco, como já atravessaram a ponte e estão rodeando a casa! E lá vêm outros e outros; quantos! Nunca vi tantos soldados juntos! Olhe aqueles carros: parecem canhões; nunca vi nenhum, mas penso que são, porque papai contou como eram. E olhe os cavaleiros com as lanças compridas! São mais altas que os cavalos!

E enquanto falava com o cão, como se este a compreendesse, corria para a casa dos Moreslau; já estava mais perto e, subindo a um montículo de terra, olhou de novo para o rio.

— Já estão dentro da casa agora, acendendo fogo no pátio. E meu pai, Turco, o que terá acontecido com ele? E continuando a correr: não quero ver mais nada. Vamos embora Turco. Seja o que Deus quiser.

E assim assustada, ofegante, chegou à granja dos Moreslau.

— Senhora Isabela! Senhora Isabela! Depressa, gritava no terreiro da frente da casa, acudam depressa, estão chegando os franceses.

— Quem está gritando aí? Kátia? perguntou de longe uma mulher alta e gorda, de meia-idade. Quem é que está chegando, menina?

— Os franceses, mãe Isabela. Meu pai mandou fugir para aqui e avisar.

Já entraram na nossa casa e meu pai disse que não há tempo a perder.

Falava depressa misturando as palavras, assustada.

— Pela Virgem de Chestochova! Só nos faltava essa, a maldita guerra. E justamente agora, perto da colheita. São muitos, menina?

— Ah! Enchem a planície até onde a gente enxerga.

— Que faremos, meu Deus? Que faremos? exclamava Isabela pondo as mãos na cabeça.

— Papai já disse, mãezinha: fugir e levar tudo que puder para o bosque da pedreira.

— Marcus, Igor, Anucha, gritava Isabel, nervosa, chamando os filhos: venham depressa, larguem tudo. E quando os filhos acudiram, espantados da gritaria, ela continuou falando alto, dando ordens desencontradas: vamos esconder tudo e fugir para o bosque, porque os franceses estão invadindo o país; depressa, filhos, porque, senão, seremos todos mortos.

E foi então um reboliço, que durou algum tempo, com vozes em cochicho, movimentos rápidos de um lado para outro, até que animais, ferramentas e objetos de uso mais valioso, fossem transportados para o bosque, que ficava a uns dois quilômetros dali e oferecia realmente boas condições de segurança, porque, entre ele e a casa, havia um pântano, de perigosa e traiçoeira transposição.

Com a última viagem foram os colchões, alimentos, cobertores e assim, em pouco mais de duas horas, a casa da granja estava fechada, abandonada, reinando silêncio naquela área, enquanto que na estrada, muito ao contrário, o trânsito era cada vez maior e o surdo rumor das viaturas, dos canhões, e o tropel dos cavalos e dos soldados enchia o ar da vasta planície, cobrindo-a com uma nuvem de pó.

***

A avalanche desabou sobre a região como um rolo compressor, esmagando tudo o que encontrava pela frente, com uma velocidade incrível; e esse pesadelo durou vários dias e noites, sem interrupção, até que, por fim, esmoreceu, diminuiu de volume, reduzindo-se a um trânsito sonolento de retaguarda.

No quarto dia Kátia, acompanhada de Igor, aproximou-se um pouco da granja paterna, sondando o caminho cuidadosamente e, mesmo de longe, conseguiu ver que nada havia de anormal, chegando mesmo a ver o próprio pai circulando nos pátios internos, entrando e saindo de casa, levando utensílios de cozinha para lavar na coberta do poço.

— Que será que ele faz lá? perguntou ela.

— Penso que está trabalhando para os invasores, respondeu Igor.

— Só se foi obrigado, retrucou Kátia. Meu pai não é traidor, você sabe.

— Concordo com você Kátia; ele foi obrigado, na certa que foi.

Ivan era um soldado reformado do exército russo, que passara a viver na granja paterna, vindo a ser o proprietário dela, quando os pais morreram. Escondendo uniforme e armas regulares, recebeu e agasalhou, com extrema boa vontade, os oficiais franceses que acantonaram na casa e recebeu pagamento valioso pela sua colaboração; pagamento justo em moedas de ouro do tesouro francês.

Enquanto durou a travessia do rio continuou a colaborar, servindo às tropas de invasão e, após essa fase, continuou do mesmo modo, com as organizações de retaguarda.

Compreendia que estava completamente na mão deles, enquanto ocupassem a região, como também compreendia que seria tachado de traidor quando a invasão terminasse, como na certa terminaria, com a expulsão dos invasores, quando, então, não se faria esperar a vingança dos compatriotas. Mas, como fugir? Não o largavam dia e noite! Pagavam bem e sua sacola de dinheiro já estava repleta, mas isso só serviria para comprometê-lo ainda mais.

Em seus momentos de meditação já afagara o plano de acompanhar os invasores quando deixassem o país, indo viver na Polônia, onde tinha parentes e onde poderia viver mais tranquila e confortavelmente.

E com esses pensamentos salvadores dedicava-se cada vez mais ao serviço perigoso, porém bem remunerado. E assim o tempo passou rápido, sem nenhum descanso nem de dia nem de noite, porque não cessava a movimentação na estrada e a sua hospedaria, como então a chamavam, já estava bastante conhecida naquela região tumultuada, como o Posto do Beresina.

***

E acabou o outono e entrou o inverno com todo o seu cortejo de doenças, penúrias, desconforto e dificuldades de locomoção.

A RETIRADA

O inverno já ia em meio quando, em uma tarde gelada, com a planície já embranquecida pela neve, começou um movimento em sentido contrário; os invasores, aniquilados pelo clima frio, pela falta de suprimentos e pelo cansaço, abandonavam o país, precipitando-se pela estrada infindável, na qual iam deixando destroços de toda ordem, de mistura com os corpos enregelados dos soldados e oficiais, mortos sem a glória dos combates, numa fuga aniquiladora, que ficou célebre nos anais das operações militares dirigidas por Napoleão Bonaparte, o grande guerreiro corso.

De seu esconderijo no bosque, onde armaram um verdadeiro e bem organizado refúgio, sempre com um dos moradores vigiando o caminho como sentinelas, os Moreslau se mantinham a par dos acontecimentos diários do eixo da estrada real e assistiam, horrorizados, àquela terrível mortandade.

Naquele dia, mais que nunca preocupada com a sorte do pai, Kátia, acompanhada de Igor e Marcus, deslizou à noite pelo trilho do pântano, disposta a penetrar na granja e conversar com Ivan.

Alcançaram os arredores da casa e viram que estava ocupada por militares e que seu pai servia-os, levando comida e bebida, num constante vaivém da saleta para a cozinha. Na entrada, junto à ponte, grupos isolados de soldados aqueciam-se, permanecendo em torno a pequenos fogos, disfarçados com coberturas de tábuas e galhos secos, para não serem vistos por assaltantes inimigos; outros grupos reuniam-se nas imediações da casa, mostrando-se exaustos, enregelados, juntando-se uns aos outros para se aquecerem; e tudo debaixo de um mortal silêncio, que os oficiais exigiam como medida de segurança contra os assaltos das patrulhas cossacas, que rondavam continuamente, como abutres, as unidades em retirada.

O rio tinha crescido e escachoava rumorosamente nos destroços formados de objetos de toda espécie, inclusive viaturas quebradas, que eram jogadas fora e não deviam cair em poder do inimigo; e também como mudo protesto dos soldados contra a situação de penúria e de miséria em que se encontravam.

Não existiam mais viaturas e cavalos e até mesmo oficiais montados marchavam a pé, cambaleando pela estrada úmida e gelada, estacando junto à cabeceira da ponte, fortemente guardada, para um descanso que, constantemente, era interrompido pelos impiedosos cossacos, contra os quais já não ofereciam resistência alguma que merecesse tal nome.

Espreitando, agachados, atrás de uma mureta de pedra, Kátia e os companheiros viram que, para a guarda da ponte, Ivan também levava constantemente bebidas quentes, para ajudar os soldados a resistir ao frio terrível do exterior, que a neve cobria como uma mortalha.

Percebendo que não havia possibilidade de penetrar na casa, Kátia resolveu retirar-se e, então, abandonaram o refúgio, buscando alcançar a trilha que levava ao bosque, mas já não puderam fazê-lo, porque foram vistos e cercados por um grupo de soldados maltrapilhos que, por gestos e ameaças, exigiam comida. Estavam chegando ao local da ponte mas, ao invés de seguirem sempre pela estrada, desviaram-se desta por um trilho que, justamente, levava à granja dos Moreslau, e iam seguir para lá quando avistaram Kátia e os dois companheiros.

Assustados, os rapazes tentaram fugir mas Kátia, menos rápida, foi alcançada por um dos soldados, que passou a arrastá-la na direção da casa; vendo isso Marcus correu em seu auxílio, agarrou-se contra o soldado, mas foi ferido gravemente por ele e Kátia, então, gritou por socorro e seus gritos foram ouvidos por um oficial, que estava no posto e que acudiu logo, afugentando o seu captor e os companheiros deste, que debandaram procurando a estrada.

— Não tenha receio, falou dirigindo-se a Kátia; está agora em segurança. Mas como ela mostrou não entender o que falara, tomou-a pela mão e levou-a para o posto, onde apresentou-a ao capitão que, no momento, estava comandando o destacamento de guarda da ponte.

— Esta moça é minha prisioneira, declarou; estava sendo atacada por um grupo de soldados desordeiros.

— Donde ela vem, tenente Bertrand?

— Ignoro; encontrei-a junto ao posto; estava em companhia de dois rapazes camponeses, dos quais um foi ferido e o outro escapou pela planície, na direção de uma casa abandonada existente aqui por perto.

— É na certa uma espiã dos russos que agem em nossa retaguarda. Vamos julgá-la e executá-la sem mais demora;

enquanto isso organize uma patrulha e vasculhe a casa a que se referiu.

— Peço licença para investigar quanto à moça, capitão.

— Que interesse tem?

— Nenhum especialmente, mas salvei-a e trata-se de uma mulher... uma simples adolescente, capitão.

— Pois bem; dou-lhe uma hora.

Bertrand levou Kátia para um telheiro ao lado da porta dos fundos da casa e mal começava a interrogá-la, Kátia viu Ivan atravessando o pátio, levando na mão um balde de água e gritou por ele:

— Pai, sou eu, Kátia, acode-me; estou no telheiro.

Ouvindo o chamado, Ivan depôs o balde no chão e correu para ela, mas, à entrada, foi barrado pelo tenente, que lhe perguntou, suspeitoso, se conhecia aquela moça.

— Sim, é minha filha, tenente, respondeu Ivan que conhecia a língua francesa e conseguia falar um pouco. Deixe-me entrar, quero falar com ela.

Assustado, perguntou a Kátia o que fazia ali e como viera.

— Vim para ver o que tinha acontecido com o senhor e vieram comigo o Igor e o Marcus.

— Estás louca. A esta hora sozinhos por este deserto cheio de malfeitores!

— Então é mesmo tua filha, falou Bertrand. Isso simplifica tudo.

— Sim tenente, é minha filha Kátia; tinha ido visitar uns parentes rio abaixo, a umas três verstas[3] e veio para ver como eu estava passando. Peço que a solte.

[3] Antiga medida russa para distâncias, equivalente a 1.067 metros.

— Vamos à presença do capitão Dumoureaux. Quanto a mim concordo. Não toco em mulheres deste jeito.

Quando entraram na saleta viram que os ocupantes do posto estavam todos dormindo deitados no chão, enrolados nos capotes enlameados.

— Se fores capaz de conservá-la oculta em algum lugar até que ele acorde, tome conta dela, disse o capitão.

— Certamente que posso.

— Então leve-a.

Ivan imediatamente transferiu Kátia para um esconderijo no forro da casa (onde soldados e inferiores não entravam); abriu-lhe uma brecha na palha de cobertura para que pudesse respirar e, sentando-se ao lado, fê-la relatar tudo o que houvera desde o dia da fuga.

Kátia contou rapidamente tudo, inclusive que Marcus fora ferido pelo soldado que a aprisionara e cujo corpo talvez ainda estivesse abandonado no local da luta.

— Vai até lá, pai, e salva-o de qualquer maneira; ele arriscou sua vida para salvar-me.

— Não creio que possa fazer isso sem revelar o esconderijo do bosque, entregando toda a família. Talvez seja melhor guardar silêncio; mas se puder agir, farei logo o que tu queres. Vou agora descer, que já me chamam, e não saia daqui.

No mesmo instante e antes que partisse, soou grande alarido, vindo da estrada; gritos, brados: de alerta, vozes de comando. Estes alarmes eram constantes em todo o percurso da infindável estrada que vinha de Moscou; revelavam sempre os ataques relâmpagos dos cossacos selvagens que, desde o início da retirada, não davam às tropas momento algum de descanso.

Estavam agora atacando a retaguarda da coluna e também o flanco esquerdo, que envolvia a área onde se localizavam algumas famílias conhecidas, inclusive a dos Moreslau.

Tendo Ivan descido apressado, Kátia abriu um pouco mais sua seteira de palha e viu os hussardos franceses passarem velozes à frente do posto, com o tenente Bertrand no comando. Espada erguida, levantados nos estribos, entravam em cheio em carga violenta contra os ligeiros e hábeis cavaleiros cossacos, que atacavam e recuavam e tornavam a atacar, fazendo evoluções rápidas, que lhes permitiam tomar sempre os franceses de flanco, abatendo-os em grande número, enquanto além e aquém da ponte, os retirantes se aproveitavam da cobertura mortífera dos hussardos para retomarem a marcha aceleradamente, abandonando tudo o mais que não fossem as próprias armas e munições individuais.

O combate durou a noite toda e, quando o sol nascente encheu a planície de reflexos dourados no vasto lençol de neve, Kátia viu que não havia mais franceses à vista, enquanto os cossacos, desmontados, vasculhavam os pontos em que as tropas haviam bivacado há poucas horas e arrecadavam despojos, o mesmo que faziam aos corpos estirados na neve em grande número, apoderando-se de suas roupas, calçados, armas, dinheiro e objetos de uso pessoal.

Ouviu que o pai a chamava para baixo, ao pé da escada móvel que havia encostado no travamento de madeira do teto.

— Desce depressa, chamou; vamos fugir antes que os cossacos cheguem; eles não respeitam nada e estamos entre a vida e a morte.

Obedecendo, Kátia desceu rapidamente e saíram na meia-luz do alvorecer, tentando ganhar a trilha do pântano; e já haviam caminhado uma meia versta quando ela, que ia à frente, parou e abaixando-se mostrou a Ivan o cadáver de

Marcus, reconhecível ainda pelo rosto voltado de lado, que a neve ainda não havia coberto.

— Vamos levá-lo, pai.

— Nada disso. Siga para frente; não há tempo a perder.

Olhando para trás viram que os cossacos já haviam penetrado no posto e dois deles, que os avistaram, vinham-lhes no encalço, tropeçando na macega enrijada pelo frio.

Em breve minuto um deles os alcançou com a arma pronta para ferir.

— Sou soldado reformado russo, gritou-lhe Ivan, tentando detê-lo; e esta é minha filha Kátia.

— Por que fogem então?

— Não sabendo quem ia atacar o posto, fugimos, para esperar que as coisas se esclarecessem. Guarda sua arma, camarada, somos amigos.

O cossaco, cofiando seu longo bigode, olhava-os ainda desconfiado deles, apesar de ver que eram russos.

— Que faziam vocês no posto?

— Eu caí prisioneiro dos franceses e fui obrigado a servir de criado para eles e minha filha também ficou, porque ali é que moramos.

— E tua filha também os servia!... Pelo visto deu-se bem com o trabalho, pois acha-se bem disposta, corada, bonita.

— É engano camarada. Ficou todo o tempo escondida num vão do teto, passando até fome, para não ser descoberta. Somente agora, com a confusão da tomada da ponte, é que resolvi fugir e depois voltar.

— A mim não enganam. Se sois o dono da casa, deves ter boas coisas escondidas e eu quero vê-las, pois sois meus prisioneiros.

Voltando ao posto foram levados à presença de um oficial cossaco, que os interrogou demoradamente, concluindo que Ivan era suspeito e Kátia sua cúmplice, pois não puderam explicar os motivos de permanecerem tanto tempo incólumes na granja ocupada pelo inimigo. E, sorvendo um grande gole de vodka, deu logo a sentença de Ivan: levem-no daqui e o matem e quanto a moça disse, dirigindo-se a ela:

— Tu que serviste tão bem aos franceses, vais servir agora aos teus compatriotas, aqui, neste mesmo posto, enquanto durar a guerra; encarregar-te-ás das cozinhas e dos alojamentos dos oficiais que aqui vierem; e, ameaçador, com o dedo em riste: não lhes negues coisa alguma, porque senão terás o mesmo fim do teu pai. Vai-te.

Kátia retirou-se apavorada com seu destino nas mãos daqueles bárbaros.

***

Mas tudo foi brevemente alterado porque, nessa noite, chegou ao posto um destacamento do exército regular, sob o comando do tenente Bóris, cuja tarefa era substituir os cossacos na guarda da ponte, porque estes iam prosseguir no fustigamento da retaguarda inimiga até a fronteira com a Polônia.

Assim que os cossacos partiram, o tenente Bóris mandou vir Kátia à sua presença:

— Já conheço a tua culpa e o fim que teu pai forçosamente terá.

Mas não sou sanguinário e prefiro dar-te oportunidade de te reabilitares trabalhando no aprovisionamento da alimentação do meu destacamento. Aceitas?

— Aceito, mas queria saber de meu pai. Para onde o levaram?

— Ignoro; depois trataremos disso. Assuma as suas funções e espero que tudo saia bem.

PRISIONEIRA DE GUERRA

Foram dias terríveis aqueles durante os quais Kátia não tinha um momento de repouso esforçando-se para cumprir a pesada tarefa recebida. Eram sessenta homens brutos e vorazes que devia alimentar duas vazes por dia, ouvir seus galanteios, atrevimentos e baixeza de linguagem sem poder manifestar qualquer gesto ou olhar de repulsa, sob pena de ser declarada cúmplice do pai e executada. A pena que lhe fora arbitrada pelo comandante cossaco ficou de pé, enquanto servisse o destacamento de Bóris e, conquanto este se mostrasse mais humano e cortês, nem por isso poderia agir doutra forma, protegendo-a, se da parte dela houvesse qualquer falha ou má vontade.

Quando, ao fim do dia, subia para o sótão, que lá ocupara antes, estava moralmente derreada, exausta, sem poder quase se locomover; e muitas vezes as poucas horas de sono tranquilo que dormia não lhe davam ao levantar, com o sol raiando, segurança de poder aguentar o trabalho, enfrentando as exigências do serviço pesado. Mas reagiu e tudo suportou na esperança de continuar viva e junto ao pai.

***

Trinta dias depois a estrada foi dada como inteiramente livre, com os franceses penetrando em terras da Polônia, levando sempre os cossacos nos calcanhares.

O tenente Bóris mandou fechar a granja e retirou-se com seu destacamento para a Ucrânia, levando Kátia consigo, em uma das carroças de víveres.

— Tu vais comigo Kátia; gostei do teu jeito, de tua boa educação. Veremos o que posso fazer.

Quantos dias marcharam ela não sabia, de tantos que foram; parecia que não tinham vontade de regressar a seus lares. E quanto a ela, qual seria o seu destino?

Numa das vezes, noite alta, no acampamento à beira da estrada, quando esta interrogação se fez, ouviu nos ouvidos, como um cicio quase inaudível, esta espécie de resposta:

— Nada temas, minha filha, velamos por ti.

Assustada levantou-se sem fazer ruído, saiu e deu volta ao veículo no qual viajava, mas nada encontrou; tudo estava mergulhado no mais profundo silêncio e, por uma nesga nas nuvens, a lua iluminava o acampamento como se fosse dia. A partir dessa noite ouvia sempre aquela voz dando-lhe forças.

Até que finalmente chegaram às portas de Kiev, às margens do rio Dnieper, onde o destacamento acampou. Estavam no fim da jornada, pensou ela, e, como confirmação, ouviu a voz forte de Bóris falando aos soldados.

— Como prêmio da disciplina que vocês mantiveram durante todo este longo tempo, dou a todos vinte e quatro horas de folga. Podem ir para onde quiserem, mas, se forem à cidade, exijo o maior respeito e disciplina; e olhem lá, recomendou: nada de brigas ou valentias estúpidas.

E, virando-se para Kátia, determinou que permanecesse no acampamento e que depois conversariam. Fechou-se na sua barraca onde, logo depois, passando sem ruído, ela viu que estava bebendo grandes goles de vodka. Sentou-se em um toro de madeira apodrecido, para pensar como proceder, quando o mesmo murmúrio leve, fez-se ouvir dizendo: ele vai dormir; foge para a cidade.

Instintivamente obedecendo, recolheu alguns objetos de uso e roupa mais limpa e aguardou, com o ouvido atento, que ele mergulhasse bem no sono; já sabia como ele dormia.

Logo depois, estando a estrada vazia, esgueirou-se para fora do acampamento e caminhou alvoroçada na direção da cidade, que se via a umas duas verstas de distância e quando lá chegou o sol já estava descambando no horizonte.

Estava perplexa e desorientada, sob uma árvore copada, ao centro de uma praça e olhava para todos os lados, com medo de ser aprisionada por algum soldado conhecido do destacamento; mas, reparando bem à sua frente, avistou uma enorme construção cheia de janelas, todas fechadas e viu uns vultos ligeiros, que percebeu serem de freiras, dirigirem-se para o casarão e penetrarem nele por uma grande porta, ao centro. E a voz soou outra vez nos ouvidos, dizendo que entrasse também, depressa, por aquela porta.

Assim o fez e achou-se em uma antecâmara, sem uma só peça de mobília; sempre obedecendo à inspiração salvadora, puxou pela corda pendente da bandeira e, quando se abriu um postigo, aproximou-se rapidamente e, mesmo sem saber a quem falava, pediu auxílio:

— Em nome de Jesus Cristo, peço que me acolham; estou fugindo dos soldados que me aprisionaram na guerra e não quero ser novamente presa. Socorram-me irmãs, não tenho para onde ir.

— Espere algum tempo e acalme-se, respondeu uma voz pausada e suave do lado de dentro.

Agachou-se no canto mais escuro e abrigado de vento e esperou.

Momentos depois a larga porta abriu-se lentamente e a mesma voz chamou:

— Entre depressa.

Correu e entrou, deparando com uma freira já idosa, que a convidou a segui-la. Atravessaram um claustro, que dava para um pátio interno e penetraram em uma saleta, contendo uma mesa e duas cadeiras rústicas.

— Sente-se e espere, que a madre vai atendê-la.

Obedeceu, porém, já agora mais confiante e serenada; o coração, que estava disparado, foi se ritmando para um bater mais lento, bafejado pela esperança de salvação; mas, às vezes dava um salto violento, quando o pensamento de não ser atendida passava-lhe pela mente. Rezava fervorosamente, sem parar, repetindo o pedido de auxílio, cansada, como já estava, da vida errante e perigosa que vinha levando há tanto tempo, desde a prisão do pai.

De suas recordações e temores compungentes foi chamada a si pela pergunta que lhe soou aos ouvidos, vinda da porta.

— Sou a madre Viviana. Ouvi o seu apelo de socorro. Em que posso valer-lhe?

Prostrando-se aos pés da madre, mal podia articular palavra, sendo preciso que esta a levantasse e a acomodasse em uma das cadeiras.

— Fale sem receio. Não tem nada a temer, estando aqui nesta casa de Deus.

— Fugi dos soldados, madre, e não posso mais sair à rua; eles me prenderão e não quero mais padecer, como tenho padecido no meio deles. Espero que seu coração de mãe me aceite nesta casa santa, como a última das servas, para fazer seja o que for, contanto que aqui possa permanecer para sempre.

— Sossegue e conte o que lhe aconteceu. Sem isso não posso resolver nada a seu respeito.

Mais calma e animada, Kátia obedeceu e contou com todos os detalhes as circunstâncias que a levaram até aquela cidade, como vivandeira do destacamento do tenente Bóris, do regimento de cavalaria que se achava naquela cidade e em cujo quartel, no dia seguinte devia se apresentar. Se fosse encontrada na rua, por qualquer dos soldados que a conheciam, na certa que seria levada de novo ao tenente Bóris, que a castigaria violentamente.

— Por que razão?

— Porque ele precisa de mim, para provar que não foi cúmplice das atitudes de meu pai; eu era prisioneira sua e isso mostrava que ele não concordara com essa atitude.

— Quer dizer que ele vai entregá-la à polícia como culpada?

— Não sei, madre, ele nunca me falou sobre o meu destino; e isso também é o que me apavora.

— Sossegue, minha filha; compreendi o teu drama e nada te acontecerá, e o coração me diz que és sincera. A partir de agora serás serva deste mosteiro, vestirás o nosso hábito e pessoa alguma se atreverá a maltratar-te.

Fez soar uma campainha que havia sobre a mesa, chamando para dentro e logo apresentou-se outra freira, a quem mostrou Kátia, dizendo:

— Irmã Natália, esta moça é a nossa irmã Catarina, que vai viver conosco, na qualidade de noviça; enquanto isso, fica como auxiliar de Irmã Tereza, na cozinha do mosteiro. Apresente-a às demais servidoras; é uma refugiada de guerra e o fato deve ser esquecido.

VI

A IRMÃ CATARINA

E a cortina do tempo cerrou-se sobre Kátia por mais de quinze longos anos durante os quais, naquele mosteiro de Kiev, teve nova vida, como Catarina, tornando-se um modelo de obediência, conformação, humildade, atendendo aos necessitados que afluíam aos domingos, às portas, para receber alimento, agasalho e conselhos passando, por fim, a dedicar-se inteiramente a esta tarefa.

Depois de certo tempo passou a atender aos necessitados em suas próprias moradas, levando-lhes tudo o que precisavam. Quando escasseavam os recursos materiais, orava fervorosamente junto aos indigentes e desvalidos e, na maioria das vezes, era sempre atendida, e as dádivas caridosas afluíam de muitas partes.

Assim foi-se tornando conhecida e amada por todos, pobres e ricos.

Quando escasseavam os remédios, a mesma voz misteriosa mandava que impusesse as mãos sobre os doentes, e as curas se davam, criando-lhe em torno a fama de santidade que em breve tempo, espalhou-se por muitos lugares.

Numa dessas vezes atendeu a um pedido de socorro urgente para um dos bairros mais pobres da cidade. Tomou de sua cesta sempre provida do necessário para estes casos, cobriu-se com o capuz para defender-se da neve que caía em grandes flocos, e partiu acompanhando o mensageiro que trouxera o pedido.

Numa casa em ruínas, há muito tempo abandonada, em um quarto vazio de móveis, encontrou o doente deitado no chão sobre uma esteira e tossindo sem parar, amparando o peito com as mãos. Ao primeiro golpe de vista pareceu-lhe reconhecer naquele ser desamparado o tenente Bóris, que a salvara das mãos dos cossacos e a trouxera para Kiev: a mesma fronte larga, cabelos crespos e negros, o ovalado do rosto, os dentes pequenos e agudos, o azul-escuro dos olhos fundos... Seria ele? Impossível!

Como poderia estar naquelas condições desesperadas e de funda miséria, pensava Catarina, enquanto se aproximava do doente e se inclinava sobre ele para vê-lo mais de perto.

Viu que estava quase inconsciente; estertorava, preso de uma tosse angustiante. Com os meios que tinha fez o que pôde para aliviá-lo mas, vendo que era um caso grave, acima de sua competência, orou junto dele e depois saiu à procura do dr. Constantino, o médico do mosteiro, e conseguiu, logo depois, levá-lo àquela casa.

— Não é coisa fácil irmã, declarou o médico após o exame precário naquelas circunstâncias, está com pneumonia no pulmão esquerdo e nem sei como tem resistido neste estado de penúria e abandono em que se encontra.

— Mas o senhor cuidará dele, não é assim? suplicou ela.

— Sem dúvida que sim. Por sorte estava eu por perto quando me procurou; tinha saído mas voltei ao consultório para tomar umas ferramentas; mais um dia que passasse não se salvaria. Mas é indispensável removê-lo daqui.

— Para onde podemos levá-lo, doutor?

— Há uma epidemia de moléstias pulmonares neste inverno e não tenho meios para abrigá-lo. Mas use de meu nome e peça à madre Viviane que o ponha no celeiro dos fundos do mosteiro onde às vezes, como sabe, acomodamos quem não tem onde ficar; o jardineiro cuidará dele.

— Está bem, doutor. Vou falar já com a madre e, de passagem, mando preparar a poção que o sr. receitou. Muito obrigada e Deus lhe pague.

— Não é o caso de agradecimentos; esquece que tenho muita honra em colaborar com a irmã no seu apostolado de caridade pública? Conte sempre comigo.

Meia hora depois irmã Catarina voltava, acompanhada do jardineiro, que trazia uma carroça de uso do mosteiro e agasalhos, nos quais enrolaram o doente, deitaram-no na carroça e o levaram para o celeiro.

Durante quinze dias o dr. Constantino e a irmã Catarina lutaram lado a lado, infatigavelmente, para salvar o doente até que, finalmente, ele melhorou e convalesceu, readquirindo rapidamente as forças, graças também à sua juventude e forte constituição.

Já então, para irmã Catarina, não havia mais dúvida alguma: era mesmo Bóris, que o destino lhe trazia às mãos de forma dramática.

Nos últimos três dias, toda vez que ela entrava no celeiro, trazendo remédios, alimento ou conforto moral, Bóris se esforçava em lembrar onde já vira antes aquela fisionomia triste e serena, mas não o conseguia. Nessa tarde, assim que ela chegou, ele a interrogou:

— Irmã Catarina, agora já posso falar melhor, enxergo melhor e vejo melhor o seu rosto; não tenho quase mais dores no peito e respiro sem esforço; queria agradecer os seus cuidados, sua bondade, sua paciência de santa em cuidar de mim, um pobre diabo sem destino e sem recursos, que a doença surpreendeu na mais negra miséria.

— Não se preocupe, irmão, não tem nada que agradecer, nem a mim nem ao dr. Constantino, que tanto fez para salvá-lo da morte certa; somos ambos servos de Jesus, o divino salvador do mundo, e cumprimos o seu mandato de amor ao nosso próximo.

— Irmã, insistiu o doente, há três dias que me esforço em lembrar onde a vi antes, pois sua fisionomia é bem conhecida, bastante familiar. Não sei como explicar isso. Estarei enganado?

— Não posso lhe dizer, quem sabe, mais tarde, o irmãozinho se lembra... E agora acalme-se, porque o médico não quer que se esforce em falar.

E saiu, escondendo sua perturbação.

***

No dia seguinte ele a reconheceu e se entenderam.

Ao voltar ao mosteiro, foi chamada à sala da madre. Esta acompanhara atentamente o caso daquele doente e percebera o interesse todo especial manifestado pela irmã Catarina em salvá-lo e foi isso, mais que tudo, que a levou a autorizar o agasalhamento do doente no celeiro externo dos fundos da casa infringindo, assim, certas regras habituais; realmente em casos especiais autorizava o médico a utilizá-lo, mas somente tratando-se de mulheres. Chamou-a para esclarecer melhor o caso.

— Como vai o seu doente? perguntou.

— Quase bom, madre, graças a Deus. Mais dois ou três dias e poderá ter alta e seguir seu destino.

— Confesso que jamais surpreendi de vossa parte tamanho desvelo por alguém em particular e pergunto se esse doente, porventura, é pessoa de vosso conhecimento.

— Madre, não sei se devo... falou Catarina confusa.

— É dever rigoroso dizer a verdade, seja o que for e nada esconder, bem sabeis disso. Esta recomendação não precisaria ser feita a vós, que sois um modelo de virtudes cristãs; e como que atenuando sua advertência, concluiu:

— Somente insisto porque pus reparo no seu embaraço quando fiz a pergunta.

— Lembra-se, madre, daquela tarde em que bati às portas sagradas desta casa pedindo abrigo?

— Lembro. A irmã fugia de um destacamento de soldados que a mantinha escravizada.

— Pois o oficial que comandava esse destacamento, o tenente Bóris, é o mesmo do qual estamos cuidando agora.

— Por isso então vos desvelastes em socorrê-lo?

— Sim madre; a todos que nos procuram não socorremos da mesma forma? Eu mesma não fui socorrida por vós naquele dia?

Ao invés de responder madre Viviane ficou algum tempo olhando para irmã Catarina, que permanecia à sua frente, de cabeça baixa, mãos cruzadas no peito, em extrema humildade. Mediu toda a grandeza do gesto daquela serva, que beijava a mão que a ferira, e ia levantar-se para abraçá-la quando a interlocutora, percebendo seus pensamentos exclamou nervosa:

— Não me julgueis dessa forma que estais pensando madre; talvez não haja em meu gesto nada de nobre ou desprendimento; meus sentimentos, neste caso, são comuns de toda mulher, são simplesmente humanos.

Surpreendida madre Viviane exclamou:

— Como sabeis o que eu pensava? Mas realmente confesso que julgo seu gesto um exemplo de desprendimento e de bondade. Estarei enganada então?

— Sim, madre, estais enganada. Apesar de tudo o que me fez, sempre guardei uma inexplicável ternura por esse oficial e, se fugi, naquela tarde, é porque estava cansada de sofrer maus tratos e conviver com aqueles homens brutos; e males maiores não me fizeram porque o oficial os continha protegendo-me o mais que podia. Ele pessoalmente nunca me maltratou e salvou minha vida nos momentos terríveis em que eu estava indefesa nas mãos brutais dos cossacos. Pago-lhe agora minha dívida de gratidão. E só isso madre.

— Mas como pode ele, sendo oficial do exército do Czar, encontrar-se nesta situação de miséria? Por que não pediu auxílio aos seus iguais?

— Procurei saber, madre. Terminadas as operações de guerra e derrotado o exército invasor, as tropas foram licenciadas e o oficial, por minha causa, foi encarcerado e condenado a 15 anos de trabalhos forçados, por suspeita de espionagem e traição a pátria. Saindo da prisão há poucos meses, ficou sem recursos e agora foi acometido pela moléstia pulmonar que quase o matou. Eis tudo.

— Compreendo. Agora estão saldadas suas contas, irmã.

— Ainda não, madre.

— Que mais então? Que mais deveis a ele?

— Sinto o que vou dizer, madre, e não me tome por uma ingrata. Sei o quanto lhe devo e a esta abençoada casa de Deus, mas devo seguir o meu destino, o destino que o coração aponta à minh'alma. Peço-lhe que me desligue dos compromissos e permita retirar-me para consorciar-me com Bóris, acompanhando-o para onde for.

Tomada de enorme surpresa, a superiora emudeceu longo tempo mas, depois, refez-se e tentou entrar melhor naquele problema desnorteante da freira.

— Quase não acredito e somente ouvindo de sua boca, irmã Catarina, posso encarar tamanho disparate. Será crível que vos tenhais deixado apaixonar repentinamente por esse homem?

— Não madre, ele, de certa forma, é meu marido; convivemos juntos muito tempo na vida e na morte e nossos destinos se entrelaçaram. Não é uma paixão repentina ou incompreensível, mesmo na nossa condição, porque o amor é lei de Deus e por ele o Divino Mestre morreu na cruz.

— E ele está de acordo em partir convosco e casar-se, mesmo sem possuir recursos para isso?

— Foi ele quem propôs e ambos desejamos legalizar, perante os homens, uma convivência irregular que, entretanto, levou a um afeto duradouro.

— Por que então fugiu dele naquela ocasião? Não entendo.

— Já expliquei madre. Eu estava exausta, amedrontada, sem saber o destino a tomar, ou se a guerra continuaria, com os horrores que havia presenciado. Não tinha mais coragem de prosseguir em nada. Por isso pedi socorro nesta casa, para desaparecer deste mundo horroroso e, graças à vossa carinhosa acolhida, aqui tenho vivido em paz até agora, como noviça. Por isso também, madre, não quis professar.

— Realmente não quisestes proferir os votos mas, para todos nós, é como se o houvesses feito. Mas custa admitir, irmã Catarina, que tenhamos de viver sem vós daqui por diante. Sois hoje uma figura destacada e indispensável em nossa casa e tendes concorrido para que tenha ela adquirido o prestígio de que goza hoje em toda esta região do país. Como poderemos agora viver sem vós, irmã Catarina?

— É bondade vossa, madre, pensar assim. Simplesmente fiz o que pude e, de certa forma, sou feliz em saber que pude pagar uma pequena parte da dívida que tenho com esta bendita casa de Deus.

— Desejais mesmo retirar-vos, minha filha?

— Sim, madre, como noviça ainda posso fazê-lo e peço que não vos magoeis com esta resolução, para que não haja maior sofrimento para todos nós.

— Mas para onde ireis, minha filha? Que vida vos espera, se o vosso companheiro não tem moradia, família e recursos?

— Ele me disse, madre, que iremos para Samarcanda, no Turquestão, onde ainda vive sua família materna; diz que lá estaremos bem, com recursos para iniciar uma vida nova.

— Meu Deus! Minha filha! Samarcanda! Sabeis onde fica essa cidade, a distância que tendes de viajar para chegar lá? E os recursos necessários para atingir essa região bárbara?

— Ele disse que nos agregaríamos a uma caravana, cujo condutor é seu conhecido. Já tomou informações e sabe que ela agora está vindo da Polônia e, dentro de uns dias, passará por aqui, no roteiro comercial.

— Está bem, disse a madre, desanimada; não posso impedir-vos de seguir o que chamais vosso destino de coração.

Dou-vos pois liberdade quanto aos compromissos e conversaremos outras vezes sobre outros pormenores antes que partais.

***

Oito dias depois, tudo acertado, Catarina despediu-se. Foi levada à nave da capela e ali ouviu, pela última vez naquela casa, as cerimônias religiosas da congregação.

Passou depois ao salão do vestíbulo e, perante as freiras e servidoras, a madre historiou os acontecimentos e anunciou que a Irmã Catarina naquele momento readquiria seu nome de batismo civil, Kátia, e se retiraria para consorciar-se com um homem ao qual, antes de ali entrar, já pertencera, devendo agora oficializar a união perante as autoridades.

O espanto foi geral, porém, a disciplina rigorosa do mosteiro evitou qualquer comentário no momento. Seguindo os ritos, procedeu-se à troca do hábito pelas roupas profanas, que Kátia havia adquirido na véspera e, momentos depois, ela atravessou o pátio interno e a horta e juntou-se a Bóris, que a esperara do lado de fora, e partiram juntos com a maior discrição possível.

Encerrou-se assim para Kátia o terceiro capítulo de sua vida aventurosa, abrindo-se um outro, cujos aspectos e condições ela fazia o possível para não encarar, confiando-se inteiramente a Deus.

VII

SAMARCANDA

Passaram-se anos e caía o crepúsculo em Samarcanda, grande empório comercial, no Turquestão russo, no kanato de Bucara, na rota de caravanas do Oriente.

Em uma rua de arrabalde, confinando com campos e colinas verdejantes, em sua casa, cuja frente era um extenso muro sem janelas, sentada em uma poltrona de dois braços altos, numa saleta onde os últimos raios do sol poente penetravam, Kátia preparava o samovar para a ceia da tarde. Estava só, acabrunhada, olhando a chama tremulante e rememorando o dia em que saltara da carroça à porta da casa e a atitude alegre de Bóris.

— Eis a nossa casa, Kátia, dizia ele, enquanto a ajudava a descer. Aqui vamos viver em paz e criar nossos filhos. Aqui nasci e quero ser enterrado, neste chão sagrado onde repousam nossos antepassados.

Falava e ia entrando, puxando-a pela mão e gritando alegremente para dentro: mãe, mãe, onde estás?

Como ninguém respondesse, deixou-a na saleta de entrada e foi correndo todos os cômodos, chamando pela mãe.

— Mãe, onde estás? É teu filho Bóris que chega!

Mas ninguém respondia. Saiu então para o pátio interno e viu-a, junto a um alpendre, agachada no chão, lidando com pintos; chamou-a de novo e ela então voltou-se levantando-se, vacilou um instante antes que o reconhecesse e então caminhou para ele de braços abertos chorando de emoção.

— És tu! És tu! O meu filho que estava perdido e que voltou à casa de sua velha mãe! Então estás vivo, não morreste?

— Sim mãe, sou eu. Não me esperavas mais, hein! Por que pensavas que eu tinha morrido?

— Em tempo de guerra as más notícias correm depressa e não se sabe de onde partem. Diziam que na certa havias morrido, porque teu regimento fora dizimado pelos invasores.

— E acreditaste logo no pior…

— E por que duvidar? Quantos morreram e não voltaram? Esta cidade ficou vazia com o recrutamento que fizeram, sob pena de castigo.

— E tens sofrido muito, mãe, com a minha longa ausência?

— Nem fale! Chorei desesperada. E que falta me fazias, não tendo mais o apoio forte da tua ajuda nos trabalhos do campo! Mas agora, graças à Virgem de Chestochova, tenho-te de novo. Bem-vindo sejas meu filho ao teu velho lar.

E chorava de alegria e abraçava e beijava Bóris, não se cansando de contemplá-lo.

— Donde vieste agora?

— De Kiev. Mas vamos para dentro, que tenho uma surpresa para ti; vê se adivinhas.

— Uma surpresa! Já é bem grande esta, de te ver de novo; que mais me trazes que seja mais que isto?

— Uma filha; a mulher com a qual me casei. Foi minha presa de guerra e depois me fez prisioneiro do seu coração. Ei-la aqui, mãe, dizia, feliz, apresentando Kátia. Esta é a tua nova filha. Esta é nossa mãe, Kátia, chama-se Elisha.

Kátia adiantou-se para beijar-lhe a mão e Elisha a puxou um pouco para junto da porta, para vê-la melhor, à luz do crepúsculo.

— Bem bonita é e moça feita e robusta. Agrada-me muito você, disse dirigindo-se a Kátia e espero que vivamos bem de hoje em diante. Depois, aprumando-se e estendendo o braço: dou-te a minha bênção em nome do Deus santo.

Enquanto era abençoada, Kátia ajoelhou-se com as mãos cruzadas no peito, em profunda humildade e unção.

— Levanta-te, filha: eu não sou uma santa para que, de joelhos, fiques a meus pés.

— Se junto a ti, oh! mãe, encontrarmos segurança e paz, para mim serás sempre uma santa.

— Parece que tens sofrido muito; só quem sofre fala dessa maneira. Senta-te aqui junto de mim e te digo que posso dar-te a paz que tenho em mim e a fé na proteção de Deus e a alegria que enche agora minh'alma, pela volta de meu filho são e salvo.

***

E foram dias e noites seguidas de ternas emoções, lembranças e permuta de confidências intermináveis de uns para os outros, em expansões recíprocas de esperanças de vida melhor daí por diante para todos, e preces fervorosas para que o amor e a harmonia reinasse entre eles para sempre.

— Como a encontraste? conta-me, pediu Elisha.

— É uma história curta, disse Bóris; mas ouve lá: eu servia em Kiev, na terceira cavalaria; era tenente do segundo esquadrão e recebi ordem de partir para Kremenetz, para servir junto a um regimento cossaco ali aquartelado. Segui no mesmo dia e quando me apresentei soube que o regimento estava de partida para Mojaisk, perto de Moscou e tinha a missão de entrar na perseguição do exército francês que, a essa hora, estava dentro da capital mas, como encontrou a cidade em chamas, ali não poderia permanecer mais que poucos dias.

Meu esquadrão foi reforçado ainda em Kiev e partimos logo na manhã seguinte para nosso destino, onde chegamos dias depois e permanecemos em observação dos movimentos do inimigo.

Como havia sido previsto, não demorou que começasse a retirada para oeste. Nós, que estávamos no caminho deles, vimos de longe quando a vanguarda se aproximava e nos preparamos para atacar de surpresa.

O regimento havia sido, na véspera, desmembrado em esquadrões isolados e cada um tinha um setor marcado de ação, na retaguarda da tropa retirante. Eu fiquei com o setor do meio, bem o do eixo da estrada, que levava para Viasma e Smolensk.

A ordem era fustigar a retaguarda, não dar tréguas para impedir que o inimigo descansasse e, dessa forma, fosse aniquilado mais depressa. Para isso contávamos também com o frio, que já estava bem chegado, cobrindo os campos de neve espessa.

Levei meu esquadrão a muitos combates e assim fomos nos aproximando da ponte do Beresina, onde contávamos apertá-lo e jogá-lo no rio. Toda vez que o inimigo parava para descansar, nós atacávamos de todos os lados, como um bando de corvos que se precipita sobre a presa. Nos primeiros dias a retaguarda deles ainda reagia bem, havendo baixas de parte a parte mas, à medida que o tempo passava e o frio apertava, o esgotamento também veio e os pegou de ponta a ponta. Por fim não havia mais reação alguma que se chamasse combate; eles não tinham mais nem forças para caminhar e iam se deixando cair pela estrada gelada, morrendo aos montes. Nós então os despojávamos do que possuíam de valor, principalmente de dinheiro e tocávamos para frente.

— Que é isso, Bóris? interrompeu Elisha; saquear vencidos e mortos não é próprio de soldados regulares.

— Se não o fizéssemos os cossacos o fariam sozinhos; e ainda estaríamos ajudando a muitos bandos de salteadores, que vinham também atrás de nós.

— E enriqueciam com os saques?

— Não; nos combates a gente perde quase tudo que tem e não gosta de carregar nada que faça peso, exceto ouro; mas o que eu apanhei, da mesma forma perdi jogando nos acampamentos frios e tristes das intermináveis marchas.

E Bóris continuou:

— Nesse dia atacamos quando eles estavam fazendo um bivaque junto à ponte. Era uma posição perigosa, mesmo para tropas em ordem; imaginem o que não seria para tropas derrotadas, famintas, desmoralizadas, enregeladas de frio!

Mas nós não estávamos também em bom estado; quinze dias de marchas e combates, de Mojaisk ao rio, quase mil verstas debaixo daquele frio, dormindo pouco e comendo em cima do cavalo! Isso não é brincadeira!

Quando deram o alarme, todos se precipitaram para a ponte querendo passar, formando um bolo e nós atacamos por detrás e pelos flancos, enterrando as lanças até o meio naquele monte de carne. Foi um massacre, até que passassem os que puderam, correndo a trote curto como lebres, pela estrada escorregadia que seguia para Minsk.

Estávamos também cansados e bivacamos no lugar perto do posto, – uma granja ocupada pelo inimigo desde o primeiro dia da invasão e que era justamente a casa de Kátia. – Mal sabia eu que ela estava escondida lá dentro, na palha do teto, esperando o pai para fugirem dali, como já te contou antes.

Passei revista ao esquadrão: estava bem desfalcado e havia alguns feridos, porém, levemente. Mandei que dormissem todos; o sono não deixa sentir dores, disse eu, nem a fome, nem o desconforto e fiquem bem junto dos cavalos para se aquecerem. Meu medo é que eles dormissem e os cavalos escapassem, buscando pasto pois também estavam famintos há dois dias.

— E as sentinelas, tenente? Onde as colocamos? Perguntou Piotr o sargento.

— Dispenso; o inimigo não volta atrás e tudo está calmo.

Mas quando eu disse que podiam dormir porque o inimigo não voltaria calculem que festa não fizeram! Acenderam fogo, assaram carne das rações de reserva e cantaram as canções deles por longo tempo.

Mas de repente ouvimos barulho e gritos aos fundos do nosso bivaque e corri para lá; foi quando vi Kátia pela primeira vez. Estava cercada por um grupo de soldados maltrapilhos e gritava por socorro. Era a segunda vez que tentava fugir do posto.

Pedindo o auxílio dos meus libertei-a e levei-a ao posto declarando-a minha prisioneira; assim ninguém mexeria com ela.

E aí ficamos até que veio ordem de nos reunirmos ao regimento em Kiev enquanto os cossacos, que seguiram nos calcanhares dos retirantes até a Polônia, passavam de volta pela estrada, seguindo para suas casas, aos grupos, alegres e barulhentos como sempre eram.

Em Kiev aconteceu o que Kátia já lhe contou e assim acaba a minha curta história.

— Que horror, exclamou Elisha! Essas guerras que não acabam nunca!

— Esta não, mãezinha; esta foi justa e honrosa, porque nosso país foi invadido por estrangeiros.

— Desculpe, Bóris. É verdade o que dizes. Foi uma guerra justa e vocês dois viveram nela e cumpriram com seus deveres.

— E ainda encontrei a minha esposa querida, acrescentou Bóris, fitando Kátia.

***

Nesse ponto Kátia despertou do seu transe de lembranças; o chá esfriara e fazia frio. Reavivou o samovar, ajeitou-se de novo na poltrona e mergulhou de novo no passado.

Quando a vida retomou seu ritmo normal, ela passou a ser o esteio sólido da vida doméstica, porque Elisha já estava muito idosa, cheia de dores e achaques e Vasili, o servo que ajudava na casa, não tinha mais forças para executar trabalhos pesados. Limitava-se a olhar as aves, a horta e as cabras, que permaneciam nos fundos, na divisa do campo.

Bóris passou a ajudá-lo e tudo logo se normalizou, trazendo alegria e paz àqueles seres humildes e desambiciosos.

Mas não durou muito tempo que a inquietação voltasse:

Vasili sofreu uma queda, que ofendeu a espinha e ficou semiparalisado das pernas e sobre Bóris acumulou-se todo o peso do trabalho, inclusive o serviço externo de sair com a carroça para compras, trocas, etc., além dos cuidados a dar ao velho Vasili pessoalmente. Não tardou que demonstrasse seu aborrecimento.

— Que tem ele, Kátia? Já não é mais o mesmo, perguntava Elisha, inquieta. Já nem brinca mais com o Leo e o pobre cão arranha o chão quando ele passa perto e segue, sem mesmo olhar para ele.

— Não é nada grave, mãe; não se torture com isso.

— Acho que é. Não me esconda nada, porque assim será mais fácil para resolvermos as dificuldades.

— É o caso do Vasili, explicou Kátia. Bóris está sobrecarregado de trabalho e não gosta do serviço de enfermeiro; passa o dia todo lavrando, plantando, colhendo, consertando cercas e também não gosta disso.

— Mas bem sabes que não podemos abandonar a pouca terra que temos. Também não temos meios para contratar outro servo. Que fazer?

—Tratar um assalariado até a colheita e assim Bóris descansa.

— Não temos dinheiro, repetiu Elisha, mormente com Vasili às nossas costas. Em todo caso fale com ele. Quem sabe ele arranja um empréstimo ou outra coisa qualquer.

— Falarei hoje mesmo. Mas Vasili não tem família que possa tomar conta dele?

— Que eu saiba, não tem. Vive aqui há muitos anos; pagamos-lhe um salário baixo e agora não podemos jogá-lo na rua.

— Certamente, mãe. De maneira nenhuma.

Nessa mesma noite Kátia falou com Bóris.

— Conversei hoje com nossa mãe. Ela diz que não tem recursos para assalariar um homem que te ajude.

— O que pagava a Vasili pode pagar a outro, respondeu Bóris secamente.

— Ela diz que pagou sempre salário baixo a Vasili e agora, que ele está inutilizado, não deve ser privado do descanso merecido; diz que não tem ninguém por ele.

— A colheita está próxima e logo depois vêm os trabalhos de cuidar dela, vender, armazenar, e depois cuidar outra vez da terra. Quem vai ajudar?

— Uma moça bonita que se chama Kátia.

— Deixe de brincadeira.

— Não é brincadeira. Eu sou forte e cuidarei do resto, enquanto descansas.

— Nossa alegria durou pouco, Kátia; não me adapto mais aos serviços da casa. Talvez possa arregimentar-me de novo; neste país ninguém vai saber que fui preso por espião e condenado.

— Não, isso não; não podemos abandonar os dois pobres velhos.

— Tu ficarias com eles.

— Como assim? Pensas em abandonar-me também, já tão logo? Esqueces que abandonei tudo para viver contigo e com tua família?

— E se eu o fizer, de qualquer maneira?

— Se isso acontecer, farei o que me cumpre, como tua esposa e como cristã. Bem sabes que jamais tive uma vida fácil. Mas não me digas que tal coisa é verdade...

— Talvez o seja. Estou aborrecido com esta vida tediosa e pobre. Disse isso e saiu para a rua, regressando quase ao alvorecer.

Insone nessa longa noite, Kátia tomou as decisões que lhe pareceram mais acertadas mas, antes que adormecesse de cansaço, ainda ouviu a porta bater e Bóris entrar no quarto e deitar-se sem fazer ruído, julgando-a adormecida; e foi com esse pensamento de que ele ainda a amava, como nos primeiros dias, que finalmente adormeceu.

Logo pela manhã, ainda estremunhada de sono, encontrou-se com Elisha na cozinha e, antes que esta a interrogasse, comunicou que tudo estava acertado.

— De que jeito?

— Tomarei conta do Vasili. Tenho prática de enfermagem e Bóris fica somente com o campo. Quando o serviço apertar com a colheita ajudarei também em tudo e assim ele descansa.

— Não quero que você lide com Vasili; isso não é serviço para mulheres, disse Bóris que estava entrando e ouvira o final da conversa.

— Por que não? Bem sabes que este foi o serviço que durante muitos anos executei em Kiev. Será que esqueceste?

— Não esqueci, mas não quero que o faças agora.

— Então te ajudarei no campo.

— Também não; é serviço pesado demais para você.

— Mas então, como queres resolver as dificuldades?

— Já disse; quero arregimentar-me de novo, não dou mais para esta vida de camponês.

— Não me fales assim, filho, interveio Elisha; já sofri demais, não tens pena de tua pobre mãe?

Mas Bóris saiu sem dizer mais nada. Kátia procurou aquietar Elisha, consolando-a como pôde e ambas ficaram na expectativa ansiosa de perderem Bóris. Mas isso durou pouco porque, no dia seguinte, ele retomou o trabalho normalmente e não tocou mais no assunto desagradável. Depois contou a Kátia que os engajamentos estavam suspensos e vários oficiais estavam sendo licenciados, porque havia paz na Europa.

***

Mais alguns anos passaram e tudo continuava no mesmo. Como não havia filhos, tanto Bóris como Elisha, não perdiam oportunidade de se lastimarem. Nos meios rurais exigiam-se mulheres fecundas, para perpetuar recursos de mão-de-obra e garantir a sucessão das lideranças familiares; a falta de filhos era um impedimento sério à estabilidade do regime conjugal.

Kátia sabia disso e sofria com os remoques da sogra, cada dia mais envelhecida e doente, e do marido, que se julgava diminuído perante os conhecidos. Nas suas noites de insônia Kátia perguntava a si mesma se seria ela a culpada, ou seria ele Bóris. Como saber? E a dúvida se tornou insuportável, até que resolveu agir de outra maneira.

Começou a alegar doenças, dores nas costas, tonteiras, indisposição para o trabalho e um dia não levantou da cama.

— Mas vejo-te corada e sempre robusta, reclamava Elisha, que subira ao quarto para vê-la.

— Mas estou mesmo doente, mãe.

— Bóris não pode fazer o serviço sozinho...

— Não posso ir. Vou ao médico da vila.

— Está louca? Não temos dinheiro fácil. Já falaste com Bóris?

— Não. Resolvi agora mesmo. Faço muita falta. Vou acabar com as dificuldades e também com as reclamações sobre filhos. Estou cansada de ouvir isso.

Saltou da cama, vestiu-se às pressas, antes que Elisha fosse chamar Bóris e num instante atrelou o cavalo na carroça velha e partiu. Enquanto guiava pela estrada esburacada, ia pensando como agir com o médico. Seu plano era procurar o Dr. Rodine. Levava no bolso algumas moedas que economizara nos gastos da casa.

Chovia quando parou frente à casa do médico e ele mesmo atendeu à porta do consultório.

— Pode entrar. Já esteve aqui antes?

— Já estive, há alguns meses, pedindo remédio para um servo paralisado das pernas. Esqueceu?

— Ah! Lembro-me. O doente melhorou?

— Não senhor; quase nada.

— É assim mesmo; paralisia não melhora. E agora que deseja? Kátia contou-lhe o seu drama: a ausência de filhos, as reclamações da sogra e do marido; queria saber ao certo se era ela a culpada e se havia remédio para isso ou não.

O velho médico escutou em silêncio compreendendo a angústia da cliente. Não era comum naquela região a esterilidade das mulheres; eram quase sempre bem formadas, robustas, equilibradas e valiam tanto como os homens no trabalho; e essa que ali estava parece que não fazia exceção à regra.

Fez as perguntas e os exames e não viu nada a que pudesse se apegar.

— Não tem nada errado no seu organismo. Seu marido teve alguma doença ou ferimento grave?

— Sim, doutor, há muitos anos teve uma moléstia pulmonar grave e na guerra recebeu um ferimento na virilha direita.

— Há muito tempo?

— Há uns oito anos; ele não gosta de falar nisso.

— Queixa-se de alguma dor?

— Às vezes sim, ncssc lugar, mas logo disfarça.

— Quero examiná-lo também. Ele que venha aqui. Isso que ele tem pode piorar de repente.

— É difícil, doutor. Eu tive de mentir para vir aqui, dizendo que tinha dores nas costas.

O médico percebeu as dificuldades. Encheu um vidro com água, álcool e corante e deu-lhe.

— Tome uma colher das de sopa de manhã e à noite. Não faz mal nem bem. Mas pode garantir que não tem defeito algum.

— Obrigada, doutor.

Kátia regressou à hora do almoço. Elisha cuidava das aves e Bóris estava vindo do eirado, com a enxada ao ombro. Viu-o de longe e correu para a cozinha, atiçou o fogo, ajeitou as panelas e estava estendendo a toalha, quando ele chegou ao pátio e Elisha o reteve para contar-lhe o ocorrido. Quando entrou na cozinha vinha de cara fechada e não a saudou, como de costume.

Kátia avançou diretamente para o assunto contando o que fizera, mostrando o remédio, dizendo que ia ficar boa logo, para continuar a ajudá-lo no campo, mas ele ouvia em silêncio, carrancudo.

— Não devias ter ido ao médico sem o meu consentimento; sou teu marido e deves-me obediência.

— Quando fiz o mesmo no acidente do Vasili nada disseste; por que o fazes agora, tratando-se de mim mesma?

— Porque acho diferente.

— Concordas com a consulta para o servo e o negas para a esposa...

— A intimidade com estranhos não me agrada.

— Nas doenças o médico não é um estranho.

Irritado com os argumentos Bóris replicou alto e severo:

— Basta. Não quero discutir e não faças isso outra vez.

Kátia silenciou mas, à noite, já deitados, abriu-se francamente:

— Estou farta de remoques sobre filhos e o médico afirmou que eu sou corporalmente sã em tudo; disse que se havia falta de filhos, tanto podia ser por deficiência de um como de outro. Perguntou sobre ferimentos e doenças tuas e respondi a verdade; disse que precisava examinar-te e que não deixasse o tempo correr porque esses ferimentos repentinamente se agravam.

— Queres dizer que a culpa deve ser minha!, interrompeu Bóris enraivecido.

— Eu por mim não quero dizer nada; somente repito o que o médico falou sobre o assunto.

— Pois não irei lá. Tenho mais que fazer. Não sinto nada. Sou homem como qualquer outro e você bem sabe disso, retrucou ele, espicaçado no seu orgulho de homem.

— Não te aborreças, Bóris. Não te acuso de nada, mas também não quero mais que me acusem; por isso fui ao médico e esclareci tudo.

— Quem te acusa, mulher?

— Tua mãe; a todo instante se lastima de não haveres casado com uma mulher que te desse filhos sadios; e não aguento mais isso.

— Falarei com ela, mas não irei ao médico.

***

Depois dessa conversa as reclamações cessaram mas Bóris começou a beber mais que de costumc; largava o trabalho mais cedo, fechava-se no celeiro e bebia e depois dormia lá mesmo. Outras vezes ia à casa do Pedro Ravilan, um vizinho que se embriagava constantemente.

Ao entrar o novo inverno, Elisha adoeceu de repente. Não podia respirar, tinha dores no peito e nos braços quando, mesmo assim, saiu para cuidar das aves caiu, contorcendo-se e gemendo alto. E Vasili que viu isso, gritou pedindo socorro e quando Kátia acudiu, Elisha já estava muito ruim; arrastou-a para dentro, como pôde, colocou-lhe uma almofada sob a cabeça e saiu correndo para chamar Bóris, mas, quando voltaram, encontraram-na morta.

ÚLTIMOS DIAS

Esse inverno foi muito rude. Bóris bebia cada vez mais e agora levava a garrafa de vodka para o campo e voltava completamente embriagado. E deu em maltratá-la fisicamente, o que jamais fizera antes. Uma tarde agrediu-a no pátio, junto ao alpendre. Vasili gritou com ele, que não fizesse isso, que era uma brutalidade, uma covardia. Enfurecido, Bóris voltou-se contra ele e deu-lhe com o cabo do forcado, abrindo-lhe um grande corte na fronte.

O velho servo não acordou mais e, na manhã seguinte, foi encontrado morto no seu colchão. Kátia não pôde cuidar dele convenientemente, porque estava também machucada e Bóris, depois do que fez, saiu para a rua e ficou ausente durante dois dias.

Kátia pediu o auxílio dos vizinhos e fez o enterro do velho, porém, por mais que disfarçasse o ferimento, lá ficara ele bem visível na fronte lívida do cadáver.

Os vizinhos notaram tudo isso e se entreolhavam severos.

— Quem feriu o velho Vasili?, perguntavam.

Antes que o corpo fosse levado, chegou o juiz zonal, que alguém avisara e obrigou-a a contar o que ocorrera. Como negar a evidência?

Dois dias depois um soldado viera da cidade e levara Bóris, enquanto o juiz a confortava dizendo que era melhor ficar só, que viver com um embriagado criminoso; que Bóris já estava, há muito tempo, debaixo de vigilância policial e havia contra ele outras culpas graves e, por isso, fora condenado a trabalhos forçados e não voltaria. E ela, então, ficara só, tendo por companheiro unicamente Leo, o cão de guarda, também já velho e doente.

***

Nesse ponto voltou novamente à realidade. Nada mudara em torno, a não ser o escuro da noite que já invadira a sala. Tomou sozinha a refeição, sentindo o coração fechado e a alma triste como a noite.

Não tinha sono; somente angústia e medo da solidão. Levou comida para Leo e voltou para a poltrona, disposta a deitar-se somente quando o sono viesse. Mas este não vinha e por isso prosseguiu no transe da relembrança no qual estava mais ou menos mergulhada há muitas horas.

Recordar o que fora sua vida a partir desse dia, era penoso; a eterna inquietação, sempre sozinha na casa, ouvindo lá fora os uivos do cão que respondia aos uivos do vento nas árvores; os rumores que vinham do cercado das cabras, tudo lhe infundia medo e desgosto. Só então, sentiu no mais íntimo, a necessidade do convívio humano.

Uma semana depois do enterro de Vasili e da prisão de Bóris, resolveu vender a propriedade e mudar-se para a cidade mais próxima, onde se empregaria em qualquer casa ou oficina; mas nesse instante lembrou-se das últimas palavras de madre Viviane, à hora da despedida em Kiev: "minha filha, compreendo teus anseios mas sei que vais trocar a paz deste claustro pelas incertezas da vida na sociedade dos homens, brutais e egoístas. Lembra-te porém que, quando não tiveres mais possibilidades de vida nesse meio hostil, volta para nós e nossas portas se abrirão, acolhedoras, para ti como já o fizeram nos dias passados". Foi uma luz que lhe veio: vender a propriedade e recolher-se de novo ao mosteiro de Kiev, para o resto dos seus dias.

Mas despertou do devaneio ouvindo batidas na porta e ladridos de Leo, amarrado no pátio interno. Abriu de leve o postigo da porta e viu que a sombra já se estendera pela vastidão da planície, semeada de luzes esparsas.

Tomou uma lanterna e fez incidir a luz sobre o vulto de um homem alto e forte, de barba cerrada e curta, que estava parado do lado de fora; trazia às costas uma mochila, cujas alas se cruzavam no peito largo.

— Quem bate?

— Um viandante, senhora; um homem de paz.

— Abriu a porta de todo e viu que o peregrino a saudava, juntando as mãos à altura do peito e curvando-se respeitosamente.

— Quem sois e que desejais?

— Estou à procura de trabalho e indicaram-me esta casa, dizendo que aqui o encontraria.

Receosa do desconhecido ela esquivou-se:

— É engano; a colheita já foi feita e no momento não precisamos de nada.

— Senhora, retrucou o viajante; sou um homem honrado e tenho necessidade de agasalho, porque venho de longe e estou cansado; podeis, pelo menos, dar-me abrigo por esta noite?

Seu olhar era tão límpido e seu porte tão distinto, que Kátia resolveu recebê-lo, mesmo estando sozinha em casa.

— Sendo assim vou dar-lhe abrigo no celeiro por esta noite. Rodeie a casa, disse, indicando-lhe com a mão a direção, e vou abrir o portão do pátio.

O hóspede seguiu a indicação, rodeou a casa pela direita e, quando encontrou o portão, entrou para o pátio, enquanto Kátia estava abrindo a porta do celeiro.

— Enquanto eu estiver aqui o cão não lhe fará mal algum, disse ela e depois que entrar, feche a porta do celeiro.

— Nada receie por mim, senhora; vosso cão não me fará mal algum; e, dizendo isso, aproximou-se de Leo e o afagou na cabeça, sendo correspondido pelo animal.

— É a primeira vez que ele não se enfurece com estranhos.

— Os cães, senhora, melhor que os homens, são sensíveis aos bons fluidos.

— Fluidos, que é isso?

— É uma força que sai de nós e vem para fora; não se vê, mas se sentem os efeitos; se é bom o fluido, a gente se sente bem e, se é mau, a gente logo fica indisposto. Nunca lhe aconteceu sentir-se mal à simples aproximação de uma pessoa?

— Muitas vezes até com gente de casa.

— Pois é assim mesmo e isso serve para conhecer as pessoas com as quais tratamos. O cão já percebeu que meus sentimentos são bons.

— Só pelo faro?

— Não é faro, senhora; é uma sensibilidade interna, da própria alma; os cães também vêem os Espíritos nos corpos.

— As almas das pessoas, não é isso?

— Exatamente: a alma, o Espírito, o ser invisível que habita nosso corpo. Se os fluidos deles têm cores claras como o azul, o verde, o branco, o róseo, o amarelo, os cães sentem que são bons; mas se são vermelhos, roxos, cinzentos, eles sabem que são ruins.

— Então os cães conhecem as cores?

— Qualquer animal conhece. Os touros não se enfurecem com o vermelho?

— É verdade, sei disso. Mas entre para o celeiro e descanse; vou arranjar-lhe o que comer.

— Que o Senhor a recompense pela sua bondade.

***

Na cozinha Kátia sentou-se no tamborete, junto à mesa e pensou nas coisas estranhas que estavam acontecendo; o silêncio do Leo, a sabedoria do peregrino, sua figura austera; a autoridade com que falava; o bem que sentia em sua presença e a segurança que a animava agora, afastado o temor que a invadira momentos antes.

Mas era preciso ter cuidado; ele não passava de um desconhecido e podia ser um simples malfeitor, apesar de tudo. Mas ao mesmo tempo que pensava assim, tinha uma intuição firme de que era um homem bom, que lhe faria bem e não mal; tinha certeza que podia confiar nele e, afinal de contas, não era um hóspede que pedira abrigo?

Avivou o fogo, aqueceu a ceia, arrumou a mesa, coisa que não fazia há muitos dias; preparou o samovar, ali mesmo, numa mesinha baixa ao lado e, chegando à porta, gritou pelo hóspede, pedindo que viesse tomar a ceia.

Ele atendeu logo; abriu a porta e veio vindo devagar, olhando em volta e ela fê-lo entrar e sentar-se no lugar usualmente ocupado por Bóris.

— Como meu marido está ausente, eu tomo a ceia sempre sozinha, mas hoje sois meu convidado; a ceia é vossa e eu lhe faço companhia. Encheu a concha e derramou-lhe a sopa no prato, deu-lhe pão e sentou-se à frente, vendo-o comer.

Ele vestia um blusão de sarja grossa azul-claro, fechado ao pescoço, do qual pendia um cordão trançado de fios de linho e deste uma medalha grande de cobre, onde se viam desenhos gravados. Sua pele era lisa e morena e usava emoldurando o rosto, barba arredondada, e bigode fino que caía pelos dois cantos da boca.

O hóspede tomava a sopa com uma delicadeza de gestos que demonstravam tratar-se de pessoa educada, de nível superior, e isso despertou-lhe a curiosidade.

— Donde vindes, meu hóspede? Vejo que não sois russo.

— Sou hindu, senhora, da província de Cashemira, da cidade de Srinagar, bem ao pé dos Himalaias que, como talvez saibais, são as montanhas mais altas do mundo. Meu nome é Ravana. Sou filho de família modesta, porém, conceituada, naquela cidade.

— Vejo que sois pessoa educada e instruída.

— Tenho um tio que pertence à casta dos brahmanes; foi quem me criou, pois que sou órfão; ele queria encaminhar-me desde criança, para as provas sacerdotais, mas fracassei, porque critiquei o culto da deusa Kali e com isso desencadeei sobre mim o ódio dos fanáticos seguidores do ídolo; tive de fugir para não morrer e refugiei-me nas florestas vizinhas, onde consegui juntar-me a um anacoreta com quem convivi por vários meses. Mas a estagnação da vida nesse ambiente, a extrema e aflitiva solidão que somente as intermináveis meditações amenizam, pareceram-me improdutivas e impróprias para um jovem como eu. Atravessei então a fronteira e venho desde aí peregrinando por inúmeros lugares, para conhecer o mundo e amadurecer em experiências novas; nesse andar sem destino cheguei aqui e pretendo seguir para a Polônia, que é uma espécie de antecâmara da Europa.

— Que é um anacoreta?

— É um homem que abandonou a vida civilizada, o convívio com seus semelhantes, e vive nas florestas e em lugares ermos, passando o tempo a meditar, a desprender-se do mundo material para penetrar mais depressa no Nirvana. Penso que sabe o que digo.

— Não conheço bem os termos, mas tenho ideia do que seja; vivi muitos anos em um mosteiro cristão em Kiev.

— Ah! Deve então entender o que falo. Onde fica Kiev?

— Muito longe daqui, junto à Ucrânia polaca. Mas peço que prossiga; o que fala é ensinamento para mim; deve ter aprendido muita coisa convivendo com faquires, não é verdade?

— Não falei em faquires, senhora; o anacoreta, a quem me referi, era simplesmente um místico, mas não nego que aprendi muito com ele, por isso é que posso dizer-lhe, antes que me esqueça que a irmã viverá ainda vários anos, porém fora desta casa; terá vida mais sossegada, porém, trabalhosa e, depois de tudo descansará para voltar a viver em outro país, no Ocidente, onde poderá instruir-se e desenvolver poderes espirituais dos quais não tem hoje a menor ideia. E agora, se me permite, vou retirar-me; meu tempo é curto. Levantou-se e, com os braços para o Alto, invocou as bênçãos de Parabrahm para sua hospedeira e a proteção dos Espíritos guardiães.

Kátia queria retê-lo para conversar mais tempo, mas ele afastou-se logo para o celeiro, onde se fechou.

Impressionada, Kátia ainda permaneceu longo tempo sentada junto à mesa, meditando no que ele dissera, assim, de forma tão imprevista:

"Que ainda viveria algum tempo fora de casa e depois voltaria a viver em outro país, no Ocidente". Que quereria ele dizer "voltaria a viver noutro país"? Perguntaria a ele na manhã seguinte.

Logo de manhã foi para a cozinha, preparar a primeira refeição e, depois, saiu para o pátio para cuidar das aves; bateu à porta do celeiro para chamar o hóspede, porém, fê-lo em vão; não houve resposta, nem movimento algum que ouvisse; abrindo a porta verificou, então, que ele já havia partido.

Achou aquilo estranho porque dera-lhe a entender que poderia permanecer o quanto quisesse. Não teria porventura sido bem clara? Aborrecida, tomou a refeição sozinha e, somente então, notou que numa dobra da toalha, estava um bilhete escrito pelo hóspede; despedia-se e aconselhava-a a vender a propriedade e retirar-se para a cidade mais próxima, onde a vida lhe seria mais fácil.

Segundo parecia, ele lera claramente seu próprio pensamento, seu desejo há tão pouco tempo formulado. Isto levou-a a fixar-se mais depressa na ideia e pô-la em execução imediatamente. Arreou o velho cavalo russo, atrelou-o à carroça e saiu para falar com as autoridades do distrito.

À pouca distância da vila alcançou no caminho um viandante que, ouvindo o barulho da carroça, desviou-se para que ela passasse e com espanto viu que era o hindu.

— Quereis continuar a ser meu hóspede nesta carroça?

— Aceito e agradeço e muito folgo em vê-la de novo.

— Por que abandonou minha casa às escondidas?

— Foi de propósito: percebi que a irmã ia oferecer-me um contrato de trabalho que não poderia recusar sem magoá-la.

— Pois não era trabalho que estava procurando?

— Sim, era, mas desisti. Li no seu pensamento que tinha ideia de vender a granja, onde estava sozinha e com poucas forças para cuidar dela e viver disso. Afastando-me, cuidei de não interferir em sua resolução que, aliás, é a que melhor lhe convém.

— Não pensou que, se ficasse ao meu lado, talvez pudéssemos dirigir a granja em sociedade amigável?

— Sim, sabia disso. Mas meu destino, irmã, não é fixar-me em alguma parte; caminho pelo mundo para conhecer a verdade e não para obter conforto.

— Vou ao distrito para vender a granja.

— Bem sei e antes de nos separarmos, quero repetir que a irmã terá vida mais sossegada agora e será feliz, no que for possível.

— Estou ansiosa por descansar, esquecer, morrer.

— Nada se esquece, irmã; tudo se grava na mente do Espírito, através de suas inumeráveis vidas e assim, vivendo, morrendo, lembrando, tornando a nascer e a viver, vai aprendendo, se aperfeiçoando, evoluindo. Esta é a lei de Parabrahm, o Absoluto.

— Não me lembro de nada do que vivi antes.

— Há de lembrar, na próxima vida, porque esta já está caminhando para a terminação; suas provas já foram feitas e, então, também se lembrará deste peregrino, que passou por sua vida, nestes dias, como um risco de luz. Desejo agora que me deixe aqui e novamente invoco as forças do Bem em seu benefício.

Kátia parou a carroça e Ravana desceu, juntou as mãos à frente do peito como em prece, curvou-se na saudação do seu país e afastou-se por um trilho lateral da estrada.

E Kátia, emocionada com os olhos úmidos de lágrimas, não sabia por que, prosseguiu angustiada sua curta viagem.

Na sede do distrito tudo foi surpreendentemente fácil e logo apareceu quem se interessasse pela compra. Estipulado o preço e demais condições, foi a transação realizada sem mais demora e Kátia voltou com o comprador e duas testemunhas para entregar a propriedade, receber o pagamento e seguir imediatamente em uma caravana prestes a partir, para Smolensk, sua terra natal, iniciando assim um novo período de vida.

***

Após o descanso de uma semana, em uma estalagem, onde já se hospedara antes, em viagem com Bóris, procurou emprego de enfermeira e o próprio estalajadeiro indicou-lhe o Dr. Hertzog, que possuía, ali perto, uma clínica muito movimentada e na certa a contrataria.

De fato, o médico agradou-se de sua modéstia, sua capacidade demonstrada, no ato, com doentes que estavam sendo atendidos e assim passou a trabalhar imediatamente, tomando-lhe o novo trabalho maior parte do tempo do dia.

Nesse emprego esteve quatro anos, durante os quais reproduziu as atividades de caridade assistencial para necessitados, que exercera em Kiev, atendendo, nas folgas, doentes pobres, no seu quarto da clínica e também a domicílio, nos bairros pobres da cidade, consumindo nesse esforço o restante das energias físicas que ainda possuía, no organismo depauperado e envelhecido.

No inverno do último desses anos, adoeceu gravemente dos pulmões, moléstia que resistiu a todos os cuidados e tratamentos que lhe foram dados, vindo a falecer na mesma clínica.

Nos últimos instantes, duas imagens lhe bailaram, bem claras e luminosas na visão já empanada pelas sombras da morte: a de Marcus, que via caído no chão, coberto de neve, chamando por ela, nas ânsias da morte e a de Ravana, o hindu, imponente e misterioso, à beira da estrada, naquela manhã, a caminho da vila. Estas foram as últimas visões que teve deste mundo triste e, serena e emocionada, voltou-se para Jesus, O Salvador, pedindo que essa vida futura que iria viver, não fosse num país como aquele tão agreste, onde os pobres morrem de frio e de fome e a vida é esmagada pela solidão, mas que fosse num país de sol, de luz, de calor e de ternura nas almas e de alegria nos corações. E assim morreu Kátia, em Smolensk, em 1869.

VIII

NOVAMENTE ROSE

Como Rose continuava inconsciente de sua verdadeira identidade, e conquanto visse que ela se entendia muito bem com Nata, a quem continuava a contar sua história como sendo Kátia, o médico concordou afinal com a sugestão de Valentino, de pedir o auxílio de um psiquiatra; e isso foi feito imediatamente.

Esta decisão foi tomada, é fácil de perceber, dois dias antes do final da história.

Quando o psiquiatra chegou e antes que visse Rose, foi-lhe exposto tudo o quanto poderia interessar sobre a vida dela, até a deflagração da crise e também tudo o quanto ela, em conversa com Nata, já contara sobre sua vida como Kátia, na Rússia dos Czares.

O novo médico era um especialista bem orientado; tinha ideias arejadas, poucos preconceitos e um conhecimento razoável sobre Espiritualismo; lera muitas obras e sabia das implicações que o mediunismo punha nas perturbações anímicas, que era o campo de trabalho da especialização.

Como se esperava, foi mal recebido pela "doente" e não conseguiu dela, por mais que tentasse, qualquer possibilidade de aproximação e diálogo. Valeu-se então de Nata e fez perguntas-testes, que Rose respondia evasivamente como Kátia, sem a menor lembrança dos fatos e circunstâncias que lhe permitiriam responder coisas adequadas à sua identidade atual.

Por fim o médico reuniu-se a sós com o Dr. Fernando e este, após a retirada do colega, declarou a Roberta que havia resolvido fazer uma última tentativa para fazê-la voltar a si.

— Julgamos que há ainda uma possibilidade de fazê-la recuperar sua mente normal, sem necessidade de eletrochoques e outras aplicações violentas, internando-a em sanatório.

— Isso eu não quero, doutor; já lhe declarei; de jeito nenhum; não quero que minha filha sofra mais do que está sofrendo.

— O que propomos, D. Roberta, é justamente um meio de evitar isso.

— Aceito qualquer coisa, então.

— Também estou de acordo, disse Valentino, que estava chegando e ouvira o fim da conversa; qual é a proposta?

— Entrar pelo lado sentimental; chamar aqui os dois rapazes que ela estimava e que foi proibida de ver. Se reconhecer qualquer deles escapa da crise e volta.

— Isso não, não serve, declarou Valentino; fere o nosso orgulho e dará margem a novas intimidades que já havíamos condenado.

— Sim, Sr. Valentino; porém em estado normal e não face ao que está acontecendo agora. É preferível quebrar um pouco o orgulho de classe do que ser mais tarde responsabilizado pela insanidade completa da menina. Mas a senhora, D. Roberta, que responde?

Roberta estava em grande embaraço; lutava entre o orgulho ferido, a solidariedade ao marido, e o amor pela filha, mas foi este o sentimento que, finalmente, venceu.

— Para salvar Rose aceito o preço e peço a você, Walli, que também aceite.

— Está bem, vá lá, aquiesceu constrangido, Valentino. Faça então o que pretender, doutor.

O próprio Dr. Fernando saiu para procurar os rapazes: tinha os endereços. Imaginou que, fazendo isso pessoalmente, amortecia o impacto sobre o orgulho dos pais de Rose, levando a coisa como exigência profissional.

Procurou Carlos em primeiro lugar. Encontrou-o em casa e expôs-lhe sucintamente o problema e a opinião médica de que se ela conseguisse com a presença dele, voltar à normalidade, não seria necessário o internamento.

Carlos ficou chocado; sabia que Rose estava doente, mas ignorava a gravidade do seu estado.

— Farei tudo o que for preciso, doutor.

— Compareça então amanhã às três da tarde ao palacete e lá me encontrará à sua espera.

— Estarei lá, sem falta.

— Vou agora procurar seu amigo Bend, para pedir a mesma coisa. Sabe onde posso encontrá-lo?

— Talvez esteja em casa. Tem o endereço?

— Tenho, mas vejo que é longe e meu tempo é curto. O jovem amigo não poderia procurá-lo em meu nome e transmitir-lhe o pedido?

— Com prazer farei isso doutor. Levarei Bend de qualquer maneira.

Do consultório o médico comunicou a Roberta que a prova seria no dia seguinte às três da tarde. Pediu-lhe que houvesse completa discrição e que ela deveria ser realizada sem a menor interferência de terceiros, inclusive familiares.

— Está bem, doutor, faremos como o senhor deseja. Ficaremos ausentes e o senhor mesmo pode receber os rapazes e levá-los ao quarto de Rose.

— Não será no quarto, mas na saleta ao lado, e Nata levará Rose até ali, segundo as instruções que receber do psiquiatra.

***

Às duas horas da tarde do dia seguinte, o Dr. Fernando já se encontrava no palacete. Via-se como estava altamente interessado em promover o encontro. Dedicava grande afeto a Rose, pois que a vira nascer e sempre cuidara dela como médico, sem nenhum interesse material. Daí a sua autoridade moral ante a família Ramires.

Às duas e meia a campainha tocou. Ele mesmo foi abrir e recebeu os dois rapazes. Explicaram que vieram mais cedo justamente para se ambientarem e receberem as instruções necessárias, para que a prova tivesse os resultados esperados.

Estavam ambos bastante apreensivos com a situação e pediram vários esclarecimentos, que o médico forneceu, até certo ponto, mas quando Bend disse que também era médico, recém-formado, então tudo mudou e o doutor Fernando abriu-se completamente com eles.

— Meu colega, o Dr. Rafael foi quem propôs esta prova; deve estar chegando. Os senhores são amigos íntimos dela, como vim a saber. Por motivos que não me compete examinar, suas relações foram proibidas e isso deve ter sido um dos motivos fundamentais de suas crises. Essa frustração atirou-a a um recolhimento social completo, com esforços mentais exagerados, inclusive de filosofias orientais, que são altamente abstratas; e, por último, interessou-se também em experimentações de Espiritismo, indo a um ponto que não pudemos ainda conhecer. Tudo, a nosso ver, responde pela crise.

— Mas somente quer que nos deixemos ver por ela? perguntou Carlos.

— Meu colega, o psiquiatra, dará instruções.

Nesse instante a campainha tocou novamente. Era o Dr. Rafael, que chegava e logo foi apresentado aos rapazes.

— Estamos exatamente na hora combinada, disse ele. Vamos começar.

Deu aos rapazes as instruções que julgou acertadas: entrariam na saleta os dois juntos; cumprimentariam Rose pelo nome e poriam em evidência sonora o nome de cada um. Se ela os reconhecesse, poderiam conversar de coisas comuns de interesse deles, a critério próprio. Bend, por exemplo, diria que estava começando bem a sua clínica e que seu consultório ficava à rua tal. Carlos diria que estava construindo um grande prédio e a convidaria para o lançamento; e coisas como isso, mas tudo para solicitar a mente dela, obrigá-la a recordar-se deles e, em seguida, prender a atenção dela o maior tempo possível.

— Entendido?

— Entendido. Porém, se ela não nos reconhecer?

— Neste caso a prova falhou e só nos restará agradecer a colaboração dos jovens amigos. Mas vamos subir.

Na saleta, aguardando Rose, era realmente angustiosa a expectativa dos rapazes; e a chegada dela tardava, porque o Dr. Rafael estava dando instruções reservadas a Nata, no corredor de ligação.

— Rezo para que tudo vá bem, dizia Bend.

— E eu também. É incrível o que está acontecendo Bend; só vendo. Teremos tido alguma culpa nisso? perguntou Carlos.

— O médico falou em excessivo esforço mental, disse Bend e isso, realmente às vezes traz consequências ruins. Mas, nós não influímos nesse ponto, bem sabes. Se é isso, continuou, é menos grave, porque depois de longo descanso, o doente sempre melhora. Mas se houve traumatismos muito fortes de células cerebrais, então é mais sério, porque essas células, como todas as demais células nervosas, não se refazem. Mas olhe...

Rose vinha chegando, amparada pelo braço de Nata, que a apertava fortemente e a conduziu diretamente para a frente dos rapazes. Rose tinha mudado, eles bem viram e na fronte, à base do nariz, havia vincos fortes de preocupações, ou temores desconhecidos.

Caminhava com os olhos postos no chão, sendo preciso a intervenção de Nata, chamando sua atenção.

— Kátia, Kátia, chamou ela, sacudindo-lhe o braço; acorde, veja quem está aqui, bem na sua frente.

Rose levantou a cabeça e encarou os rapazes, a princípio indiferente, mas, logo depois, como que os reconhecendo, falou alto para Nata:

— É Marcus, dizia apontando para Carlos, e este é Ravana, o meu amigo hindu; e falando, aproximava-se deles, pegando-lhes nas mãos e demonstrando grande alegria. Como sou feliz em vê-los! Lembra-se de mim? perguntou dirigindo-se a Bend, a última vez que nos encontramos na estrada? Não esqueci do que o irmão disse e estou esperando.

Nata, percebendo o embaraço de Bend, fez-lhe sinal para que falasse com ela, mas, o que ele disse caiu no vazio, nem ela mostrou haver entendido. Ele olhava para Rose com grande emoção e ternura, vendo-lhe nos olhos uma sombra de estranho desvario; falou novamente sobre estudos na faculdade mas ela, não entendendo, voltou-se para Nata: o que ele fala eu não entendo; por que fala numa língua diferente? Não o conheço mais desse jeito.

Voltou-se então para Carlos e começou a falar, nervosa, chorando: nunca esquecerei o que você fez por mim, Marcus; Deus lhe pagará. Mas como que lembrando-se da cena terrível da fuga e da morte dele, levou as mãos aos olhos e fugiu da sala.

A prova fora negativa e toda esperança desapareceu.

— Amanhã cedo, disse o Dr. Fernando, surgindo na sala, eu mesmo a acompanharei ao sanatório. Não podemos esperar mais.

O DESPERTAR

Na manhã seguinte o sol estava muito claro e quente e alguns raios penetravam pelas frinchas das persianas, traçando riscos luminosos nas paredes do quarto e nos móveis.

Kátia morrera no Oriente e Rose, enfim, despertava.

***

Quando acordou viu Nata dormindo na poltrona, ao lado da cama; procurou recordar-se do que se havia passado, mas tinha uma cortina na mente e dificilmente ia ligando as ideias, para poder lembrar-se. Ficou longo tempo como que se reintegrando em si mesma; depois tossiu de leve para acordar Nata; depois mais forte e mais forte, até que ela despertasse, estremunhada, levantando-se bruscamente.

— Que fazes dormindo aqui sentada? Por que não dormiste no teu quarto?

Falava normalmente, em português e Nata percebeu logo que ela despertara; ajeitou sua roupa e foi indo para a porta.

— Espere um pouco menina, vou chamar sua mãe.

— Para que isso? Eu quero me levantar; estou com o corpo doído. Por que estás dormindo aqui?, repetiu. Aconteceu alguma coisa comigo?

— A menina esteve doente. O Dr. Fernando veio e mandou que eu ficasse aqui, para o que precisasse de noite. É só isso.

— Quero tomar um banho, Nata, bem demorado e bem quente. Tenho frio nos ossos. Estive com gripe?

— Sim, teve gripe forte. É melhor chamar sua mãe.

— Nada disso, já estou boa; vá preparar o banho, por favor.

Nata preparou o banho, encheu a banheira azul do privativo, colocou à mão o sabonete, a toalha, o pente, a escova e tudo o mais que ela costumava pedir.

— Está tudo pronto, menina Rose, pode vir.

Rose levantou-se e foi para o banheiro, andando com pouca segurança, sendo preciso Nata ampará-la.

— Foi mesmo uma gripe forte; estou meio atordoada. Tive febre?

— Teve febre e delirava. Preocupou todos da casa. Quer agora ver sua mãe?

— Do que eu falava no delírio?

— Parece que estava sonhando com uma vida passada na Rússia durante uma guerra, e outras coisas confusas.

— Não me lembro de nada. Estou mesmo tonta.

— Não quebre agora a cabeça com isso. Entre no banho. Mas demore pouco, porque está fraca e banho quente enfraquece a gente.

Enquanto falava, perguntava o que ela queria comer, se tinha fome, que roupa queria vestir e coisas como essas, para distraí-la e mantê-la desperta.

— Estou com muita fome. Parece que não como há muitos dias e meu estômago está como se estivesse queimando.

— Vou buscar um remédio; volto já.

Não demorou que, avisada, Roberta acudisse correndo, esperançada.

Rose continuava no banho e sentia-se bem, demorando nele. Parecia reviver, readquirir forças, reencontrar a alegria interna que era própria de sua natureza; mergulhava o corpo naquela água quente e perfumada, cujos vapores se evolavam no ambiente, enchendo-o de branca névoa.

— Rose, Rose, minha querida, posso entrar?

Para Rose foi como uma ducha fria, sem saber porquê; sua mente encheu-se, num segundo, de recordações desagradáveis, decepções, aborrecimentos do passado, dos quais estava custando a lembrar-se, mas que estavam voltando agora todos juntos, em tumulto.

— Espere, mamãe, vou demorar um pouco.

— Não precisa de nada?

— De nada, obrigada. Saio daqui a pouco.

Desta forma teve tempo de reagir, coordenar as ideias, equilibrar-se, naquele turbilhão de coisas que lhe invadiam a cabeça.

— Nata, gritou, venha ajudar-me.

Ajudada pela criada vestiu-se para sair e caiu logo nos braços de Roberta, que a aguardava ansiosa junto à porta.

— Minha filhinha querida! Que horrível sofrimento nos causaste com a tua febre, a mim e a teu pai. Graças a Deus que já estás boa. Não sentes mais nada?

— Não mamãe, estou bem, mas meio estonteada e quero ficar só com a Nata; minha cabeça está fraca.

— Teu pai quer ver-te também, já mandei avisá-lo. Não lhe vais recusar esta alegria, vais?

— Está bem, mamãe, mas daqui a pouco.

Mas no mesmo instante entrou Valentino; beijou Rose e mostrou-se exuberante de satisfação por vê-la restabelecida e bela como sempre.

— Já mandei avisar o Dr. Fernando, que também não demora, disse.

— Avisar para que, papai?

— Ele é o teu médico, Rose, e precisa examinar-te, para completar suas observações.

— Hoje não, papai, já sarei e quero ficar quieta. É favor não me cansarem mais. Não quero conversar com ninguém, não quero ver ninguém, quero ficar só, compreende papai? Não quero irritar-me, por favor.

— Deixe-a Walli, interveio Roberta, nervosa; conversarei com o Dr. Fernando. E enquanto falava puxava o marido pelo braço arrastando-o para fora do quarto.

— Tu não percebes, homem, que se a irritarmos, ela pode voltar outra vez à crise?

— Tens em parte razão, respondeu Valentino. Fica ao teu critério o problema e volto para o escritório, onde larguei tudo em cima da mesa. Até logo.

***

No quarto, fechado à chave, Rose recostou-se na poltrona, junto à janela e, através dos vidros, divagou seu olhar pelas árvores onde os passarinhos chilreavam, chamando-se uns aos outros. Era uma música que ela bem conhecia e que a trazia à calma, quando não estava bem.

Na cabeça bailavam-lhe ainda figuras de pessoas e cenas indistintas numa sequência desordenada, exceto duas delas, que voltavam sempre, tomando forma mais ou menos nítidas; um rapaz de pele clara e cabelo louro e um outro já maduro, de pele escura, olhos penetrantes mas bondosos, que a fitavam firmemente, sorrindo. Era como se já os conhecesse de perto sem, contudo, saber quem eram.

Mas voltou à realidade com batidas repetidas na porta.

— Abre Rose, é a mamãe.

Levantou-se e abriu, mal-humorada com a interrupção.

— Fechaste a porta e ficamos preocupados. Não faça isso.

— Eu avisei que queria descansar e com gente entrando e saindo não descanso; a senhora bem que compreende.

— Dr. Fernando está aí e quer ver-te.

Vendo que não podia excusar-se concordou, mesmo a contragosto. O médico foi direto a ela indagando, como de costume, examinando, recomendando, até que achou tudo bem e mostrou-se satisfeito.

— Teus pais te falaram de nossa ansiedade e eu agora falo da minha.

Bem sabes o afeto que te dedico. Por isso é que vim, mesmo sabendo que você precisa descansar e não ser muito solicitada.

Enquanto ela comia, Nata aproximou-se mais e perguntou-lhe:

— A menina vê as coisas, não vê?

— Que coisas?

— Coisas que a gente não enxerga com os olhos do corpo.

— Por que pensa assim? Tem graça. Por quê?

— Na minha família, na Ucrânia, há muitas pessoas que têm esse poder. Vêem os Espíritos, saem do corpo e voltam quando querem. São chamados médiuns.

— E pensa então que eu também tenho esses poderes? Sei o que tu queres dizer mas não sei porque julgas que eu sou médium.

— Alguma coisa a menina tem. Sei disso há muito tempo.

— Que é isso Nata? Você me assusta com esse ar de mistérios, falou Rose caçoando. Fale logo o que é. Vamos.

— A menina não é igual às outras pessoas; vive sempre meditando, lendo livros; quando dorme, fala com outras pessoas, e não é coisa resmungada, que não se entende, é conversa mesmo, como se estivesse acordada.

— E tu entendes o que eu digo? perguntou Rose, curiosa e surpresa.

— Entendo tudo. A menina fala claro, como se estivesse vivendo em outros lugares com outras pessoas.

— Que lugares? Diga.

— Isso não sei bem, falou Nata fugindo ao assunto. Parecem coisas do Oriente, da Rússia, da Índia, sei lá.

— Mas isso é sonho, Nata. Leio mesmo livros de histórias desses países; são sempre interessantes. Mas é só.

— Não é, não. É muito diferente porque... Aí Nata interrompeu-se, lembrando-se de que Rose devia ignorar o que houvera, para não ter mais crises como aquelas que passaram. É, deve scr mesmo sonho.

Mas então foi Rose que não se conformou e insistiu, exigiu:

— Como não é nada? Quero saber.

— É só o que já disse, não tem mais nada.

— Não aceito. Você está escondendo alguma coisa. Quero saber e já, exclamou Rose tomando as mãos de Nata e fazendo-a sentar-se junto dela. Conte o que sabe e não direi nada a ninguém.

Nata nunca pudera, até então, enganar Rose e resistir à vontade dela, fosse no que fosse e acabou por falar sobre o assunto proibido.

— Na segunda-feira atrasada a menina dormiu e só acordou quatro dias depois; já tinha dormido antes sonos muito compridos. Acha isso coisa à-toa? Que todo mundo faz?

— Quer dizer que dormi a última vez quatro dias! Palavra que não sabia disso. Ninguém me disse coisa alguma.

— A menina até hoje não saiu do quarto, não recebeu ninguém de fora, a não ser o médico e aqui na casa todos têm ordem de fechar a boca. É por isso. Eu falei porque a menina mandou, mas D. Roberta na certa que vai me castigar.

— Falaste porque mandei e ninguém vai castigar-te, garanto. Mas sabes por que foi que dormi assim?

— Eu não sei, mas ouvi uma conversa de sua mãe com Dr. Fernando e ele disse que foi porque a menina se emocionou com a formatura, ou se aborreceu com alguma coisa séria.

Ali estava o setor no qual devia ser classificado o seu caso.

Leu as definições, mas viu que o problema era mais complexo do que parecia, pelas correlações entre os diferentes casos. Eram assuntos difíceis, delicados, que exigiam conhecimentos que ela não possuía.

Lembrou-se então de Bend. Ele seria o único que poderia dar-lhe as explicações necessárias. Mas como falar com ele? Isso se tornava um problema difícil, mormente nas atuais circunstâncias, em que seu estado de saúde preocupava os pais e também devido às proibições de encontros com os seus amigos. Imaginou mil modos e não encontrou nenhum.

Por fim decidiu-se e mandou que Nata chamasse Roberta.

Esperou-a de pé, junto á janela; queria dar impressão certa de que já estava completamente restabelecida e psiquicamente equilibrada.

— Pediste para que eu viesse aqui? Não tenho vindo mais vezes, porque você mesma pediu que assim fosse. Mas que desejas, minha querida?

— O seguinte, mamãe: julgo que há interesse geral para que eu consolide depressa o meu estado de saúde, sem perigo de novas crises, como as destes dias. Estou certa pensando assim?

— Naturalmente, isto é o que todos nós queremos.

— Muito bem. Quero dizer-te que já estou a par de tudo o quanto aconteceu, do que pensaram a meu respeito, do que eu falei em língua russa, enquanto estava em estado de transe e também do internamento em sanatório.

— Nunca autorizaria isso, Rose; todos sabem que me opus. Mas como soubeste de todas estas coisas?

— Ordenei a Nata que contasse, ela se negou, dizendo que estava proibida e não queria obedecer, mas eu insisti e disse que me entenderia com a senhora, como estou fazendo agora.

— Nata fez muito mal, não devia ter dito nada disso.

— Já te disse mãezinha, que sou a única responsável; forcei-a a falar, e ela está acostumada a não me negar nada, bem sabes disso.

— Está bem, Rose, agora não adianta mais falar nisso. Como vejo que você está bem, tudo o mais é secundário.

— Obrigada, mãezinha. Como ia dizendo, para que essas crises nervosas não se repitam, preocupando a todos, quero explicar que se trata de um fenômeno psíquico, natural às pessoas que, como eu, possuem essas possibilidades.

— Possibilidades de quê? Não entendo, menina. Fale claro.

— De abandonar o corpo, como se estivesse dormindo e nesse estado, como acontece nos sonhos, ver as coisas do passado, e depois regressar ao estado normal, sem perigo algum, desde porém, que tudo se realize debaixo de certas regras, sobretudo de segurança; essa segurança, de alguma forma, houve comigo, porque Nata não me largou e por isso eu não me ressenti.

— Mas, meu Deus! Onde você vai chegar Rose?

— Como é a primeira vez que isso acontece e não estou bem a par do assunto, preciso informar-me; e a única pessoa a quem posso recorrer para isso é o meu amigo Bend, que a senhora conhece e que aqui esteve, a pedido dos médicos, um dia destes.

— Se a senhora autorizar ele virá aqui, a meu chamado e conversarei com ele, para evitar repetições dessas crises,

— Eu também tinha e muita. Esta ideia de te chamar foi também por causa de saudade... acreditas, não?

— Sim, acredito e te agradeço muito.

— Mas vamos conversar primeiro sobre o assunto mais sério, para aproveitar o tempo, antes que haja alguma interrupção.

Sentados um à frente do outro, olhavam-se nos olhos, deixando fluir deles todo o amor que devotavam um ao outro. Rose tinha dado ordens a Nata para permanecer no quarto, com a porta aberta, de modo que os dois cômodos estavam comunicados entre si e tudo o que fosse dito ou feito teria o testemunho da serva fiel e escrupulosa.

Rose expôs a Bend o que ocorrera, desde o princípio das crises em que mergulhara ora como Rose, ora como Kátia.

— Quem é Kátia? Não conheço.

— Por isso é que o chamei: para deslindar comigo esse problema, que não posso resolver sozinha.

— Conte-me então tudo desde o princípio como ias fazendo.

Rose chamou Nata.

— Ela contará melhor que eu, porque ouviu tudo, quando eu falava como eu mesma ou como Kátia. Desculpe, Nata querida, mas é preciso que você repita tudo outra vez, aqui ao Bend.

— Não serão precisos muitos detalhes, interveio Bend, basta o principal.

— Sim, senhor, assim fica mais fácil e cansa menos.

Assim animada, Nata repetiu tudo desde o princípio, resumindo o melhor que pôde.

Bend, ao final do relato, fez várias perguntas a Rose e pareceu bem informado a respeito do caso e por último perguntou como se sentia ao despertar do transe, no corpo e no Espírito, e se, ao despertar como Kátia, sentia possuir sentimentos diferentes dos que possuía como Rose; ela respondeu que, após o despertamento final, já como Rose, sentia grande cansaço físico e abatimento psíquico, o corpo gelado, endurecido e a cabeça muito confusa; e quanto aos sentimentos, não notou diferença alguma e lhe parecia que, mesmo quando era Kátia, naquela época, pelo que revelara, seus sentimentos eram bons, cheios de tolerância para com os outros e amorosos, para amigos e parentes.

Bend meditou sobre estas informações e depois disse:

— O que eu podia indagar, já indaguei, e creio que posso formar juízo sobre o seu problema. Você ultimamente não estava fazendo estudos sobre espiritualismo?

— Sim, estava, e também sobre Espiritismo, você mesmo não se lembra de ter-me dado livros sobre isso?

— Claro que sim, lembro muito bem. Tudo então está favorável e, neste caso, posso resumir muito minhas conclusões, porque estará habilitada a compreendê-las sem muitas explicações.

— Que dizes especialmente, Bend, sobre o Espiritismo?

— Posso resumir dizendo que o Espiritismo popularizou os conhecimentos espirituais e acelerou, portanto, a evolução humana no setor religioso, com as implicações naturais que ele tem na filosofia e na ciência. Conquanto tenha largas projeções nestes dois últimos setores, todavia, é essencialmente religioso, porque não foi dado ao homem para sublimá-lo nesses setores, visando a redenção, mas sim no primeiro; por isso é que sua base fundamental está no Evangelho de Jesus e somente o Evangelho modifica o homem preparando-o para isso.[4]

E basta olhar o que se faz no Brasil para se compreender que isso já está acontecendo em larga escala. A preocupação maior da Doutrina é o culto interno, o do Espírito, sua preparação para essa redenção.

E quanto ao setor dos fenômenos, posso dizer que o Espiritismo abrange uma área imensa de manifestações, nos vários planos do mundo invisível, e nem sempre se pode classificá-lo de forma padrão, mesmo porque há inúmeras correlações, que concorrem a formar um todo complexo, do que resulta que os fenômenos que surgem, muitas vezes exigem meticulosos exames, antes de serem interpretados nos seus aspectos exteriores e nos essenciais.

Quanto a ti, tudo o que ocorre, segundo vejo, está enquadrado em uma classe de fenômenos denominados desdobramentos da personalidade, que nada mais são que exteriorizações do próprio Espírito encarnado, exteriorização querendo dizer, escapamento, desligamento parcial do corpo orgânico, ganhando o Espírito, assim, uma determinada liberdade.

Sabes que, normalmente, no estado de vigília o Espírito, através do perispírito, isto é, do corpo espiritual, está preso ao corpo orgânico e que, no sono, obtém um pequeno e inconsciente desdobramento, cuja finalidade principal é permitir um período sistemático de repouso ao sistema orgânico. Nos casos mediúnicos como o teu deve ser, o transe provoca o desligamento dos neurônios cerebrais e o Espírito se afasta do corpo físico, mais ou menos largamente, conforme o caso; mas seja este qual for, o certo

---

[4] Neste parágrafo se encontra o conceito-chave desta obra. (N. da Editora).

é que a mente perispiritual desliga-se do cérebro físico e passa a registrar os acontecimentos do mundo espiritual que a rodeia, no qual o Espírito exteriorizado exerce uma atividade própria, vê, ouve, fala, sente, pensa, como se no corpo orgânico estivesse.

No sono comum, a permanência nesse estado é normalmente curta, segundo as exigências do sistema encarnado, mas nos desdobramentos psíquicos, conscientes ou provocados, o tempo de permanência varia de forma imprevisível e muitos fatores interferem no seu curso.

Penso que teu problema pode ser classificado como um desdobramento e, como vemos, o tempo de permanência foi de 2 e de 4 dias, não é verdade?

Mas, nesse setor dos desdobramentos, ocorrem muitos fenômenos diferentes que possuem aspectos também diferentes, e essas diferenças é que os caracterizam. É o que vamos fazer, examinando um por um, até identificar o teu problema pelo processo das eliminações. Refiro-me a quatro das modalidades mais comuns que são: bilocação, bicorporeidade, dupla personalidade e regressão de memória.

Aqui Rose o interrompeu e isso foi bom, para fazer uma derivação mental, sobretudo para ela que ainda estava com a mente um tanto fatigada. Bend compreendeu isso e silenciou.

— Credo, Bend, você fala como um catedrático! Li hoje um pouco sobre isso. Eu sei que você entende muito destes assuntos, mas não sabia que era tanto assim. Sei que você fez uma verdadeira iniciação em centros de estudo e praticagem. É verdade isso?

— Sim; em parte é verdade. De fato frequento organizações espíritas de elevado caráter e respeitabilidade e tenho aprendido muita coisa útil. Mas vamos prosseguir no nosso exame sintetizando o mais possível para não parecer pedantismo científico. Tome um papel e vá anotando e fazendo uma sinopse para teu próprio uso.

— Posso continuar? Descansou?

— Sim, pode.

Bilocação[5]: Manifestação do Espírito desdobrado em dois lugares diferentes quase ao mesmo tempo. Você conferirá depois as definições com os tratados, porque estou falando de memória.

É evidente que este fenômeno não se coaduna com o teu caso, porque você não se manifestou, desdobrada, em dois lugares diferentes e aparentemente ao mesmo tempo.

Manifestou-se sempre aqui, em sua casa, ora como Rose ora como Kátia.

Bicorporeidade[6]: Também, a meu ver, não se aplica ao caso, porque você, o Espírito encarnado, não se manifestou em dois corpos diferentes, aqui ou algures mas sempre no teu próprio.

Dupla personalidade[7]: Fenômeno segundo o qual o Espírito encarnado se manifesta com personalidades diferentes em períodos de tempo diferentes, ora como uma pessoa ora como outra, com modos diferentes, costumes, hábitos e características pessoais, diferentes daquelas que lhe são próprias.

Esta modalidade penso que se adequa ao seu caso. Você por duas vezes apresentou-se sob a personalidade de

---

[5] Ver livro *Mediunidade*, cap. XIII, item II, do mesmo autor. (N. da Editora)

[6] Idem , cap. XIII, item III. (N. da Editora)

[7] Idem , cap. XIII, item IV. (N. da Editora)

Kátia, moça russa, que viveu no teatro da invasão napoleônica em 1812 e voltou a manifestar-se dias depois, na sua própria personalidade atual de Rose Ramires. Você encarnando primeiramente como Kátia e anos depois como Rose. Mas isso não é um fenômeno normal de reencarnação, podem perguntar. Se fosse somente isso, não haveria problema algum, mas acontece que você, como Rose, do nosso tempo, reviveu a vida de Kátia de 1812, com impressionante fidelidade de detalhamentos, como se lá estivesse agora, vivendo hoje os acontecimentos desse ano remoto. Compreende? Há muita diferença.

Para narrar, como narrou, acontecimentos que não estavam registrados na tua mente atual, como foi que fez? Que terá acontecido?

Se tais acontecimentos estivessem registrados no seu atual subconsciente, formariam um vultoso cabedal de reminiscências que, forçosamente, por várias razões, se manifestariam, interferindo na vida mental de todos os dias, vindo à tona do consciente, por associação de ideias, por manifestação ordinária da memória, ou, ainda, por indução e nada disso, que eu saiba, sucedeu.

Donde então teriam vindo? Simplesmente da mente maior, existente fora do sistema encarnado e que registra todos os acontecimentos das vidas sucessivas através das reencarnações e com a qual o Espírito encarnado pode integrar-se, passageiramente, em determinadas circunstâncias, aliás muito raras.

Esta mente maior se confunde muito bem com o ego do esoterismo com o qual, segundo ensina, o Espírito encarnado tem relações muito ocasionais e da qual a mente encarnada é uma projeção inferior.

Quando encarnamos das reminiscências todas existentes na Mente Maior, só trazemos uma parte, a que seja necessária ao programa da atual reencarnação e o resto fica registrado nessa mente matriz, da qual realmente, a mente menor que usamos, é uma projeção.

Esta versão é positiva para o teu caso, adequa-se a ele perfeitamente bem: o teu transe libertou o Espírito, este integrou-se momentaneamente na Mente Maior e viveu novamente as reminiscências ali registradas, referentes aos acontecimentos que você descreveu.

— Formidável, Bend; entendi tudo, acho tudo claro agora.

— Mas espere; ainda vamos para diante; ainda faltam as regressões.

Regressão de memória: Fenômeno psíquico segundo o qual a mente humana, sob a influência de uma forma estranha – magnético-hipnótica – saca do setor subconsciente e traz à tona do consciente, reminiscências arquivadas de acontecimentos passados referentes ao médium; comumente provoca-se um recuo da mente até a infância do médium, podendo-se também, e em circunstâncias mais especiais, prolongar o recuo até além da fronteira do túmulo, rememorando fatos de vidas anteriores. No primeiro caso é evidente que se utiliza o operador dos arquivos da Mente Menor, a atual do médium e, no segundo, somente o fenômeno ocorre quando se consegue utilizar os arquivos da Mente Maior o que é mais raro e depende de auxílio de Espíritos desencarnados, devidamente autorizados a facilitar a integração.

Analisando bem o problema em seus diversos aspectos, veremos que esta modalidade também não se aplica ao seu caso, porque para esse fenômeno de regressão é indispensável: primeiro, a interferência de um operador encarnado – hipnotizador, quase sempre – que agisse sobre você e isso jamais ocorreu; segundo, porque a regressão fica restrita às reminiscências existentes no subconsciente do médium e não podem ser revelados acontecimentos do passado, que somente existem na Mente Maior; por outro lado, a regressão não pode atingir ou revelar coisas íntimas, sentimentos e pensamentos, que existiram fora da mente atual, a não ser no caso da reintegração na Mente Maior; mas como vimos você não esteve sob influência de pessoa alguma que a levasse a este estado.

Além destes fenômenos, para as revelações do passado, ainda se poderiam citar as projeções ideoplásticas e as gravações etéreas. Vamos examinar estes restantes recursos.

PROJEÇÕES IDEOPLÁSTICAS

No seu caso, também não podemos aceitar esta modalidade, porque os quadros ideoplásticos, projetados nas auras de pessoas, ou nos ambientes em que elas atuam, por Espíritos de maior ou menor capacidade criativa mental, não poderiam ter a riqueza de detalhes, o colorido multiforme, o toque dos sentimentos íntimos, a sequência, o arranjo e a sonoridade das palavras inumeráveis, que formam diálogos e mostram paisagens tão amplas, em tão longos períodos de atividade e de tempo. Via de regra, esses quadros são amplamente utilizados nos trabalhos espirituais, sobretudo espíritas, e quase sempre projetados para serem vistos por médiuns videntes e descritos a assistentes, o que também não ocorre no seu caso, penso eu.

— Claro que não, disse Rose; não sou vidente.

— Que restaria então examinar senão as gravações etéreas?

GRAVAÇÕES ETÉREAS

De todos os fenômenos é o mais elevado e mais perfeito. É a presença de Deus em toda a sua criação e em todas as manifestações por menores que sejam, dos seres criados, presença em tudo o quanto vive e palpita nos universos. A Luz Eterna tudo registra e grava, com espantosa minúcia, fidelidade e rigor cronológico e tem eterna permanência, podendo a qualquer tempo, revelar os acontecimentos do passado e tudo o quanto já existiu na eternidade do tempo.

Examinando esta modalidade de fenômeno, é necessário considerar, em primeiro lugar, que a consulta a esses arquivos só se pode dar em circunstâncias especiais que a justifiquem e por interferência de entidade espiritual de maior hierarquia.

No seu caso, podemos admitir que existem méritos para o gozo de tal privilégio? Talvez sim: os sacrifícios que você fez em benefício dos seus semelhantes, no largo período de tempo em que foi noviça no mosteiro de Kiev e as possibilidades que possui no campo mediúnico e que devem ser postas a serviço da humanidade, mas que ainda não o foram deliberadamente. Quem pode saber?

Mas o fato de ter acontecido o que aconteceu, com um transe tão demorado, e ter você podido revelar, com tal fidelidade, o que ocorreu em uma encarnação tão remota, falam muito, na minha fraca opinião e indicam a existência de tarefas mediúnicas que te esperam e que devem ser realizadas no futuro.

Assim como vê, disse Bend, passamos em revista as diversas modalidades de fenômenos, próprios do setor dos desdobramentos psíquicos. Qual será o preponderante? Que dizes a respeito?

— Eu? Que pergunta lisonjeira! Estou, isso sim, aturdida com tanta sabedoria de sua parte e com a complexidade do problema. Como quer você que dê opinião? Você é que deve fazê-lo, porque isso implica conhecimentos que só você tem e não eu.

— Está bem, vou dizer: o seu caso, segundo penso, é mesmo de dupla personalidade. Seu estado emotivo, por força de aborrecimentos, decepções, desilusões, anseios de espiritualização, mediunidade latente, tudo isso promoveu a exteriorização do Espírito e a integração provisória na Mente Maior, com relembrança de acontecimentos de sua última encarnação na Rússia.

Esta minha opção é também fruto de prudência, porque não temos elementos para julgamento dos méritos que permitiriam o acesso aos arquivos da Luz Etérea. É este o meu ponto de vista. Está satisfeita?

— Que pergunta, Bend! Estou radiante de alegria não só porque você me esclareceu como, também, me abriu um campo de possibilidades e de esperanças, para aplicação das minhas energias espirituais. Vamos agora tomar chá juntos; você bem que merece esse descanso e, sobretudo, me alegro, porque estamos novamente juntos relembrando, sem transe a não ser o do afeto, os dias felizes que vivemos na Universidade. A propósito, com a intensidade dos sentimentos que nos envolveram esquecemos do Carlos. Peço-lhe que manifeste a ele minhas saudades e meu eterno afeto.

EPÍLOGO

Depois que Bend saiu, Rose voltou ao quarto e encontrou Nata adormecida na sua poltrona; chamou-a e mandou que fosse para seu próprio quarto e repousasse o quanto quisesse porque, quanto a ela, Rose, sentia-se perfeitamente bem e recuperada.

Estendeu-se no leito para pensar na entrevista com Bend. Via-o claramente, como se fosse com os olhos da carne e sentia, numa intuição profunda e firme, que seu amor por ele seria, em breves dias, retribuído e consolidado, oficialmente.

Na cidade, as luzes estavam se acendendo e o tráfego já fazia ouvir o seu rumor soturno e continuado, que caracterizava o "rush" diário, que começava.

Com aquele fragor entorpecente foi-lhe mais fácil conciliar o sono, imaginando coisas belas e misteriosas que a esperavam no futuro. Já agora sabia, positivamente, que possuía faculdades mediúnicas, as mesmas que tornaram possível o transe prolongado e profundo durante o qual reproduziu a sua vida como Kátia, na Rússia dos Czares, há mais de um século; as mesmas forças que, naquele momento ela estava com uma prece do fundo da alma, colocando à disposição do Mestre Divino, para o trabalho dignificante da vivência evangélica para o bem da humanidade. E pensava: quantos já passaram antes pelos mesmos caminhos sacrificiais que agora irei encetar? E quantos outros não estariam, como ela estava agora, dispondo-se a testemunhar na Terra a excelsitude dos ensinamentos do Divino Redentor.

Novamente lembrou-se de Bend, o mais querido do seu coração, mas não o via só: partindo dele, para trás, perdendo-se de vista, havia um fio azul, muito fino, vibrátil e luminoso que, em certo ponto, refulgiu mais amplamente sobre um corpo caído na neve, abandonado na estrada; o corpo de Marcus. E prosseguindo o fio luminoso incidiu sobre um outro homem, mais maduro, parado de pé à porta de sua casa, saudando-a com as mãos cruzadas no peito, dentro do facho mais forte de luz de sua lanterna: Ravana, que a advertira sobre o que estava sucedendo agora.

E então compreendeu tudo claramente e viu que o passado e o presente se uniam para oferecer-lhe a felicidade do futuro; e como a lei divina coloca sempre em nossos caminhos aqueles que amamos, para que as afeições se engrandeçam, se purifiquem e se consolidem na eternidade.

E com esses pensamentos, suaves e profundos, finalmente adormeceu, para despertar no dia seguinte, como um ser diferente, amadurecido para a vida, como Rose – a médium espírita – o instrumento das revelações do Plano Maior, para os homens sofredores deste mundo triste.

CONCLUSÃO

Como quer que sejam encarados os problemas da espiritualidade, ou mesmo negados, ou desprezados pelo materialismo, ainda imaturo para essa compreensão e vivência, as leis espirituais são aquelas que regulam a vida e a evolução dos seres vivos, e por elas, nos graus inferiores da ascensão, serão os homens periodicamente julgados e encaminhados até que nelas se integrem definitivamente.

Aliança

Publicações Aliança

Bezerra de Menezes, o médico dos Pobres
Vida e obra do Dr. Bezerra, numa de suas melhores biografias

O Cristianismo Primitivo
Os acontecimentos históricos que levaram às distorções dos ensinamentos originais do Cristo

Religiões Cristãs
Estudo sobre as religiões cristãs e suas doutrinas.
Leia este livro e confirme sua fé.

Um só caminho-Evolução,Saúde, Reforma Íntima
As causas de nossas desequilíbrios que levam à perda da saúde

Edgard Armond, meu pai
A história do homem que criou as escolas de Espiritismo no Brasil.

Edgard Armond, um trabalhador na Seara Espírita
Correspondências pessoais sobre questionamentos doutrinários.

Diferenças não separam
Obra médiunica, pelo Espírito Raniere, com abordagem segura sobre assuntos diversos.

O Raio X do Livro Espírita
Tudo sobre a elaboração so livro espírita, do começo ao fim.

Iniciação Espírita
Curso regular das Escolas de Aprendizes do Evangelho.

O Redentor
Vida, obra e ensinamentos do mestre da Galileia.

FDJ Perguntas e Respostas
Perguntas com respostas sobre a Fraternidade dos Discipulos de Jesus.

EAE Perguntas e Respostas
A essência e as questões mais relevantes do processo iniciático da Escola de Aprendizes.

Aliança

Temas Doutrinários e Evangélicos

Relembrando o Passado
Casos diversos vividos em 35 anos de experiências comunitárias

Cometários Evangélicos
Comentários evangélicos pelo dr. Bezerra de Menezes.

Verdades e Conceitos I e II
Ideal da Aliança em importantes resoluções históricas.

Livre-Arbítrio
O livre-arbítrio e a evolução do espírito são aqui dissecados na lógica espírita.

Religiões e Filosofias
Estudo comparado entre as religiões e filosofias de ontem e de hoje.

Respondendo e Esclarecendo
Respostas e centenas de questionamentos sobre Doutrina Espírita.

Métdos Espíritas de Cura
O funcionamento da mente e repercursões espirituais As cores da Alma.

Enquanto é Tempo
Pontos essenciais da Doutrina Espírita.

Salmos
Enaltecimento à evolução e à reforma íntima pelo Evangelho.

Mensagens e Instruções
Importantes mensagens de Edgard Armond aos trabalhadores Espíritas.

Lendo e Aprendendo
Mais temas doutrinários com índice remissivo de *Na Semeadura I, II e III*

Na Seara do Evangelho
Focaliza assuntos da vivência diária, com explicações doutrinárias.

Tiradentes Missionário
Prosa e verso sobre o momento espiritual da inconfidência e tiradentes missionário.

Falando ao Coração
Coletânia com orientações que auxiliam na transformação do homem velho para o homem novo.

O Espíritismo e a Próxima Renovação
Coletânia de estudos doutrinários temas diversos.